우리 모두의
삶은 엇비슷할까?

우리 모두의 삶은 엇비슷할까?

평생 이루지 못한 꿈
가슴 저린 후회의 삶

박 장 순

좋은땅

작가의 말

시간을 보듬어 안고 더듬거리며 다시 걸어 보았다.
짧게는 며칠, 길게는 몇 년을 머물렀다.
서로의 발목을 잡고 화합하지 못했던 시간들과 드잡이했다.
걸어왔던 발자국은 지울 수 없는데
조금만 참을걸 그땐 왜 그랬을까.
이 길보다는 저 길이 편하지 않았을까.
뾰족한 못으로 나불거리며 박고, 박히고
아픔을 주며 나도 아팠고
많은 것들을 후회하며 살아 내고
후회할 일들을 만들며 살아간다.
야속한 것들아.
그리워해도 뉘우쳐 봐도 이미 늦었구나.
아! 어쩌랴.
이것이 인생이라는데….
나뿐일까?
질풍노도였던 삶이….
우리 모두, 인생이란 궤적이 엇비슷할까.

목차

작가의 말   5

1부
유소년기의 뜨락

1)	사랑의 온도	14
2)	범의 해에 태어났다	15
3)	할아버지	16
4)	아버지	18
5)	어머니	19
6)	아버지와 산촌에 살았다	23
7)	내가 태어난 안평마을	24
8)	유년시절의 월명촌	26
9)	여동생 하늘나라 여행	29
10)	수동국민학교 일학년 시절	31
11)	국민학교 고학년 시절	34

12)	추억의 국민학교 시절	35
13)	함양중학교에 300명 중 100등 안으로 입학했다	37
14)	가슴 저린 내 사랑	38
15)	하숙생 되다	40
16)	공부와 담을 쌓게 만든 큰 사고	43
17)	육촌 동생이며 라이벌 선망의 대상	46
18)	발자국	47
19)	과외 선생님	48
20)	관편마을 이야기	49
21)	노동의 행복	52
22)	아버지의 단골 파트너	53

청중년기의 질풍노도

1) 당산나무에게 가 보자 　　　　　　　　56
2) 누구나 그땐 그랬다 　　　　　　　　57
3) 부산살이 타향살이 　　　　　　　　58
4) 삶의 배낭 　　　　　　　　　　　　59
5) 자랑스러운 해병대에 입대하다 　　　60
6) 해병수색대 일원으로 　　　　　　　61
7) 나의 자부심, 해병수색대 　　　　　 64
8) 배령도 찬바람 　　　　　　　　　　65
9) 생의 끝자락을 다녀오다 　　　　　　67
10) 둥지를 틀다 　　　　　　　　　　　69
11) 내 생애 첫 집 　　　　　　　　　　71

12)	부산 양정동에서	73
13)	참기름 장사와 고물장사	76
14)	총지배인 되다	78
15)	촌놈이 형편이 풀렸다	82
16)	장원 매운탕집 주방장	83
17)	매운탕 가게 주방장의 위기	85
18)	공연	87
19)	내 인생 이사 내력(來歷)	91
20)	산그늘을 바라본다	93
21)	못	94
22)	배낭여행 순례길	95

3부

장노년기를 단련하다

1)	2025 을사년 뱀의 해	100
2)	세월이 흘러가네, 따스한 미소가 그립네	103
3)	내 이름은 불출이	105
4)	부산으로 도망을 갔다	108
5)	그리운 고향	110
6)	술 취한 날씨, 비틀거리는 계절	112
7)	나는 어떤 벌을 받을까	114
8)	아버지 제삿날	116
9)	늙은 경운기가 말한다	118
10)	형님 같은 아버지	122
11)	내 고향 10월	124
12)	고향집 앞을 지나며	126
13)	월명집 본가	128
14)	하나를 보면 열을 알 수 있다	131
15)	아버님, 박종운의 생각	133
16)	꿈속에서도 뼈저린 나의 아버지	135

17)	납골당 가는 길	138
18)	낙엽	139
19)	나는 사과가 쉽다	142
20)	노인이 젊어지고 있다	146
21)	우울증은 죄가 없다	148
22)	떠나간 치아에게	151
23)	축복의 날 3월에	152
24)	박 주방장 바다를 만났다	154
25)	외로움이 외로움들을 위로한다	156
26)	복수초의 봄	157
27)	일상의 냄새를 숨기는 건 쉽지 않다	159
28)	책방에서	163
29)	강촌에 살았다	165
30)	일흔 넘어 배낭여행	166
31)	바라보는 처량한 눈빛들	168
32)	동백섬 그곳에 가면	169

33)	내 마음의 동백섬	*170*
34)	부고장 써 보기	*172*
35)	울릉도, 그 섬에 가면	*173*
36)	제주의 그녀	*177*
37)	여러 가지의 삶	*179*
38)	별이 된 부모님께 바칩니다	*182*
39)	식물을 사랑한다	*185*
40)	사랑하기 딱 좋은 나이	*187*
41)	호랑이	*191*
42)	노인에게는 목숨만큼 중요한 게 집이다	*194*
43)	바다에 살자	*197*
44)	야속한 것들	*198*
45)	집 한 채를 샀다	*199*
46)	평범한 사람들의 특별한 힘	*201*
47)	구름으로 살자	*204*

1) 사랑의 온도

　나는 1950년 4월 5일, 6·25전쟁이 일어나기 직전에 태어났다. 백두산에서 산맥을 따라 맨 끝자락 지리산 밑 막내 산인 화장산이 보듬어 안은 안평마을에서 범의 해에 호랑이로 태어났다. 우리 집은 내 위에 형이 하나 있었는데 아주 어릴 때 아버지의 나이가 스무 살도 되기 전에 죽었다. 그래서 나는 종갓집 종손에 장남이 되었다.

　자식 농사에 한 번 실패했던 할머니 할아버지 부모님은 나에 대한 사랑이 각별하셨다. 특히 첫 손자를 잃었던 할머니는 부모님보다 더 상심이 크셔서 나는 천하에 없는 집안의 귀염둥이가 되었다. 내가 태어나자마자 수명장수 하라고 채 바구니에 담아서, 어릴 때부터 아명을 채식이로 부르다가 국민학교 입학할 때야 비로소 장순이로 불렸다. 집안의 항렬이 순자 돌림이라 보통 집 아이들은 순O와 같이 순 자를 앞에 두었는데 나는 종손이 되어 원리원칙대로 순 자가 뒤로 갔다. 이 원칙으로 초등학교 1학년 때는 여자 이름이라고 숱하게 놀림을 받았다. 하도 억울해서 집에 와서 아버지에게 이름을 바꾸어 달라고 짜증도 내고 투정도 하고 달려들기도 했다.

　할머니는 내가 너무 어릴 때 돌아가셔서 얼굴이나 모든 사랑의 기억들이 하나도 남아 있지 않다. 어머니와 이웃 어른들의 말씀에 의하면 내가 삽짝 밖에 나가고 들어오는 것을 온 동네 사람들이 다 알 정도였다고 했다. 할머니가 나를 보듬어 안거나 업을 때에도 '둥개둥개 우리 귀염둥이 어여쁘다 우리 귀염둥이' 이렇게 노래를 부르고 다니셨단다. 할머니의 사랑의 온도는 펄펄 끓는 온도였다. 이 말씀을 전해 듣기만 해도 내 얼굴은 붉게 달아올랐다.

2) 범의 해에 태어났다

내가 태어나자 부모님은 나를 보고 착하고 성스럽고 인자롭고 슬기로우며 효성스럽고 어질고 세차게 자라라 하셨다. 백두산에서 산맥을 따라 지리산까지 내려오며

멋진 옷 입고 폼 잡으며 민중을 지켜 주는 위대한 사람이 되라고도 하셨다. 효와 열을 알고 은혜를 갚을 줄 아는 신의를 중요시하는 사람이 되어서 포악하고 배은망덕하며 불손한 행동을 하는 사람은 엄히 꾸짖으라 하셨다.

일제 강점기 시대에 탐욕으로 점철된 일본은 호랑이 가죽이 욕심나 백두대간을 호령하던 호랑이 형제를 포획하여 전멸시켰다. 이런 사실로 일본은 영원한 나의 적이자 원수가 되었다. 중학교 시절 아차 실수로 큰 사고를 당한 후 나는 안개 자욱한 벌판을 쏘

다니는 호랑이가 되었다. 주먹세계에 빠져 학창시절을 마치면서 일본 족속에게 복수도 하지 못한 못난이가 되었다.

　나는 작은 슬픔에도 눈물을 펑펑 흘리고 약자 편에 들어가 같이 비바람 맞고, 누가 10리를 같이 가자 하면 5리를 더 가 주었다. 배고프다 하면 내 도시락도 내어 주고, 추워서 떨면 겉옷도 벗어 주고, 이웃집 도둑을 잡다가 개천에 빠지기도 하고, 이롭고 좋은 것은 양보하는 삶을 살았다. 호랑이가 죽으면 가죽을 남긴다기에 입고 있던 옷도 벗어 주고 쓸쓸히 뒤안길을 노래하며 호랑이가 아닌 승냥이로 살았다.

　부모님의 기대에 부응하지 못하고 이빨 빠진 호랑이가 되었지만 세월이 약이라 했던가. 인생 고개를 넘어서니 안개가 사라지고 앞이 조금씩 내다보이기 시작했다. 지금은 시詩와 동무가 되었다. 아름다운 시의 가죽을 남겨 은혜에 보답하고 싶다.

3) 할아버지

　우리 집에는 할아버지 박동규(1955년 8월 8일 별세), 할머니 김성녀(6월 20일 별세), 큰아버지 박종문(일본 화태에 징병으로 끌려가서 7

월 26일 별세)이 돌아가셨다. 혼자 되신 큰어머니는 슬하에 자식이 없어 집을 떠나셨다. 그런 이유로 내가 큰아버지의 양자가 되어 있어 지금도 제사를 지내고 있다. 아버지 어머니와 고모 두 분이 계셨는데 큰고모는 지리산 밑 방실마을로 시집을 가고, 막내 고모는 시집을 잘못 가서 고모부가 6·25전쟁 때 공산당에 가입하여 활동한 홍팔십이었다. 막내 고모는 시집살이를 호되게 하였다. 그 후 대구에서 재혼하시어 힘든 삶을 살다 가셨다. 우리 집에서 가장 6·25전쟁의 피해를 많이 입으신 분이다.

홍팔십은 직책이 높아서 밤이면 우리 집에 찾아와 할아버지와 아버지, 집안 어른들을 못살게 괴롭혔다. 말을 잘 안 들으면 총을 겨눠 위협하고 양식을 요구하면서 많은 악행을 저질렀다. 그 시대는 경찰이나 군이 잘못 오해라도 하면 한 집안 전체가 몰살당할 수도 있는 시대였다. 우리 가족은 결국 참지 못하고 안평 고향마을을 버리고 허허벌판 월명촌으로 피신해 피난살이를 시작했다.

월명촌은 2.5km나 떨어지고 냇물을 건너야 했다. 우리 집안은 기ㅇ이 아저씨네, 순ㅇ 동생네, 슬하에 아이가 없는 종천이 아저씨네 등 네 가구가 피난을 왔다. 우리 집은 월명촌에 작은 오두막집을 짓고 살았다. 조정래 작가의 소설 『지리산』을 읽어 보면 우리 집안은 천운을 타고났다는 생각이 든다. 잘못 되었으면 빨갱이 집안으로 오해되어 한 가문이 사라질 수도 있었던 아슬아슬한 시대였다.

4) 아버지

　나의 아버지 박종운은 1929년 1월 28일생이다. 2011년 4월 8일 초파일날 82세로 이 세상과 이별하셨다. 어머니 문분달은 1928년 2월 23일생이고 2022년 11월 18일에 94세의 생을 사시고 돌아가셨다. 아버지보다 1살이 많았고 12년이나 더 오래 사셨다. 어머니는 함양에서 남원 쪽으로 국도를 따라 10km쯤 떨어진 거러실이라는 마을에서 시집을 와서 '거러실댁'이라고 불리었다.

　여동생이 죽은 날 저녁이었다. 아버지 나이가 스물여섯, 일곱 살 정도 되었을 때다. 아버지는 죽은 여동생을 품에 안고 냇가 빨래터에 앉아 흐느끼고 있었다. 들에서 일하다 돌아와 청천벽력 같은 현실에 얼마나 놀라고 가슴이 아프셨을까. 이십 대에 아들과 딸 두 번씩이나 여윈 시련을 어떻게 감당할 수 있었을까. 한 손에 삽을 들고 한 손에 죽은 딸을 안고 뒷동산으로 가서 양지바른 곳에 묻어야 하는 그 숙명을 어찌 이겨 내었을까. 차마 떨어지지 않은 발걸음으로 그렇게 안고 흐느꼈나 보다.

　그때 나는, 아버지의 모습을 멍하니 바라보고만 서 있었다. 울지도 않았다. 죽음이 무엇인지도 깊이 알지 못했던 나이이다. 지금 생각해 보면 아버지가 왜 동생을 잘못 보아 죽였냐고 고함이라도 치고 뺨이라도 때려 주셨다면 지금 이렇게 가슴에 멍 자국이 시퍼렇게 들지는 않았을 텐데. 죄책감을 가슴에 새긴 채 세월은 또 그렇게 흘렀다. 내 기억은 희미해져 국민학교에 입학을 했고 또 다른 여동생이 태어나고 남동생도 태어났다.

5) 어머니

나의 어머니 문분달 1928년 함양읍 소재지 거러실 마을에서 출생해 유림면 안평마을에 시집와 아들 다섯 딸 둘을 낳고 아들 하나 딸 하나둘을 실패하고 다섯을 길렀다. 부모님은 열심히 살아 빈농에서 부농의 중간보다 조금 앞섰다. 모든 것이 순탄한 삶이었지만 70대에 머리에 약한 풍(뇌출혈)을 맞아 말의 발음이 어둔했다. 신체적으로 다른 기능은 정상에 가까웠다.

허나 세월이 흐르고 노화가 찾아오고 아버지가 82세에 암으로 돌아가시자 심리적 충격 등으로 뇌출혈 부작용이 심각한 수준에 달했다. 심한 표현으로는 "식물인간"이 되었다. 모든 인지기능 장애로 사람이나 사물의 식별이 불가능하게 되었다. 심지어는 식사의 대용물을 코로 호스를 연결해 삽입했다. 거동도 불가능해 도저히 가정에서는 간병할 수 없어 요양원에 입원 치료를 했다.

어쩌다 요양원에 면회라도 가면 휠체어에서 고개를 숙이고 멍하니 앉아서 코에다 호스를 깊숙이 꼽아 위에까지 연결했을 것이다. 숨은 제대로 쉴 수 있는지 궁금하다. 면역력이 약해 손을 한번

잠을 수 있나 말을 한마디 할 수 있나 꼭 박물관 유리방에 놓여 있는 유물을 바라보는 것 같은 자식들의 심정이란 하늘도 통탄할 것이다.

요양병원에서는 "돈벌이" 수단이다. 생각하고 훌륭한 현대 의술로 지극정성으로 목숨 연장에만 온갖 기술과 정성을 쏟았으리라 그렇게 긴 모순투성이의 여정 속에서 가족들의 뼈저림과 환자 본인의 고통을 "돈 뭉치" 가면을 쓴 사람들은 한 번이라도 심사숙고한 적이 있을까? 진심으로 궁금하고 한편으로는 원망스럽기도 했다. 사람이 오래 살자는데 싫어할 사람이 있을까?

그 어느 누가 흐르는 세월을 원망할까? 나의 어머니는 2022년 11월 18일(양력) 94세로 한 많은 생을 접고 눈이 부셔 바라볼 수도 없는 한 마리 백로가 되어 하늘나라로 날아갔다.

아마도 지금은 납골당 아파트에서 밀양 박씨 귀종공파의 종손인 박종운을 만나 한 가문의 종부로서 두 번째의 삶을 살아가고 있으리라… 나는 가끔 어머니의 생을 되새김질해 보며 "연명의료"에 대해 깊이 생각해 본다.

인간이 어머니 자궁에서 태어날 때는 기뻐서인가 두려워서인가 울면서 태어난다. 갈 때는 웃으면서 갈 수는 없을까. 잠자는 듯 소풍 가듯 이웃집 나들이 가듯.

연명의료를 말할 때 김할머니 사건을 빼놓을 수 없다. 연세의료원에 입원한 김할머니가 뇌 손상을 입어 식물인간 상태가 됐지만 병원은 인공호흡기 등 연명의료를 계속했다. 1997년 가족의 부당한 퇴원 요구에 응한 의료진이 살인 방조죄로 유죄를 선고받은 보라매 병원 사건 여파로 의료계는 최대한 방어 진료를 하고 있었다. 가족들은 소송을 제기했고 병원은 대법원까지 끌고 가 판례를 받아 냈다. 이 대법원 판례는 나중에 중단의 대상. 범위 등 연명의료결정법의 틀을 정하는 데 결정적 근거가 됐다.

  나는 자신의 연명의료 여부를 사전에 선택할 수 있는 제도가 2018년부터 시행된 것을 알고 있지만 아직도 서약하지 못하고 있다. 어머니의 모습이 눈에 선해 빨리 기관을 방문해 서명을 해야겠다고 생각하면서도 지금까지 미루고 있다. 삶이 아직 많이 남았다 착각하고 있는 것 같다. 무의미하고 고통스러운 연명 치료에 매달리기보다 삶의 마지막 순간을 어떻게 살아갈 것인지 돌아보아야 한다. 초고령 사회에 아직도 높은 노인 빈곤을 낮추는 일. 아픈 노인을 치료하고 간병하는 일. 고령자에게 적절한 일자리를 제공하는 일은 매우 중요하다. 지금도 기초연금 건강보험 노인 일자리 사업에 많은 세금이 지출된다. 희망이 없는 연명 치료가 환자 본인과 가족에게 불필요한 고통을 준다는 것은 심각히 생각해 보아야 한다. 아직 갈 길은 멀다. 연명 치료의 법적 기준을 현행 임종 과정에서 말기로 범위를 넓혀야 한다. 의사 조력 자살 문제 등도 본격 논의하게 될 시기가 왔다고 생각한다. 300만이 서명한 연명의료 의사 입장에선 임종 기준이 애매하고 사전에 연명의료 쓴 환자에게도 유가족 법정 소송이 겁이 나 치료를 강행하는 현실이다. 법적 규정이 애매해 갈팡질팡이다. 문제다.

어머니

당신은 한 마리 까치로 태어나
가족을 위해 가난과 슬픔을
몰아내려 울었습니다
웃음과 행복한 소식을 전하려
눈물 흘려 울었습니다

늙음은 누구에게나 오고
아픔도 누구에게나 오지만
당신의 혹독한 아픔은 "식물인간"
신들도 두려워하고
귀신도 무서워했습니다

자유를 빼앗겨 버리고
음지의 땅에서
서글픈 생을 마치고 허망이 날아가 버린
까치 한 마리

어머니
부디
햇빛이 나리고 온기 충만한

하늘나라에서 행복한 삶을
살아가셔요

6) 아버지랑 산촌에 살았다

지리산 밑 깊은 산자락에 어머니 자연으로 겸손하게 웅크려 앉은 초가집에서 6·25전쟁이 터지던 해 나는 호랑이로 태어났다. 아버지가 서럽게 살다 두고 간 다랑논 몇 마지기 물려받고 내 손으로 아버지를 산자락 양지편에 묻어 드렸다. 나 또한 그렇게 묻힐 것이다.

그 땅에서 어머니와 가꾸어 거둔 곡식으로 자식들을 먹여 길렀다. 배부르게 먹이지는 못해도 배 곯지는 않는 살림살이를 천직으로 삼으며 숙명처럼 살았다. 동편 산에 해 오르면 소 몰고 들로 나가 서산 넘어 해져야 돌아오는 고단하고 서러운 삶.

살다가 힘들면 산 그늘 바라보며 괜찮아 힘들지 않아 나는 산촌이 좋아 중얼거리는 아버지의 노랫말을 산등성이 넘어오던 솔바람이 따라 불러 합창해 주었다.

낮이면 산새들 모여 앉아 노래 불러 위안해 주고, 밤마다 멧돼지, 산노루 찾아와 문안 인사 하고 가는 우리 집 앞마당. 집 앞에 펼쳐진 동산이 모두 다 내 정원이 된다.

어쩌다 5일 장날이면 보리쌀 한 말 등짝에 옭아매고 가 돈으로 바꿔 검정 고무신 몇 켤레 사고 호미 낫 괭이 사서 망태기에 담아 메고 막걸리 한 뚝배기 걸치고 돌아오며 "어머니가 기다리는 산골로 가자 처자식이 기다리는 산골로 가자" 흥얼거리며 삐딱 걸음 걸으면 어둠이 어깨동무해 주어 가파른 산비탈 길을 편하게 오르게 해 준다.

겨울에는 따뜻한 흙벽 방 아랫목에 방긋이 웃으며 꿈나라 소풍하는 두 자식들 이마에 손을 짚어 본다. 몇십 년 전에도 아파서 누워 있던 내 이마에 아버지가 손을 대고 빙긋이 웃었다.

오늘은 아버지가 보고 싶다. 산촌은 언제나 내 편이다. 내 인생도 산골짝 실개천으로 흘러내렸다.

7) 내가 태어난 안평마을

지리산 끝자락의 화장산 588m 밑에 있는 안평마을은 옥동, 운평 3개 마을의 중앙에 위치해 있다. 냇물을 건너야 수동마을로 나올 수 있어 겨울이 다가오면 나무로 다리발을 세우고 그 위에 솔가지를 덮고 흙을 덮어 다리를 만들었다. 다리는 어른 키 하나 높이다. 여름 장마철이 다가오면 다리를 분해해서 잘 보관해 두었다가 다시 재사용했다. 장맛비에는 떠내려가기 때문이다. 보통 때에는 물이 차갑지 않아서 바짓단을 걷어 올리고 맨발로 건너다녔다. 가뭄 때는 징검다리를 이용하고 홍수가 지면 물 높이가 어른 어깨까지 올라왔을 때 용기 있는 청년들이 옷을 벗어 손에 들고 만세를 부르며 냇물을 건넜다. 그러면 양쪽 옆 물가에서 사람들이 구경을 하면서 박수를 쳐 주며 응원을 보냈다. 지금은 콘크리트로 2차선과 보행로가 있는 튼튼한 다리가 되었으니 얼마나 흐르는 세월인가! 우리나라만큼 도로망이 잘 되어 있는 나라는 세계 어느 나라도 없다는 자부심이 샘솟는다.

안평마을에서 유림면 소재지로 가려면 제법 높은 산의 고개를 넘어 가는 산길이기 때문에 지금도 수동마을로 와서 버스를 이용한다. 안평마을에는 동구밖에 정자나무가 2그루 있는데 수령이 500년이 넘어 어른 다섯, 여섯 명이 팔을 벌려야 안을 수 있다. 그만큼 오랜 역사가 깊은 마을이다. 지금도 내가 태어난 집의 집터는 그대로 있고 가건물이 앉아 있다. 그 집안에서 나는 종손이고 장남이다. 조상님이 나를 키웠기에 책임감이 막중하다. 안평마을에는 방앗간이 하나 있는데 수력으로 작동이 되나 가뭄 때에는 물이 부족하여 큰 발동기를 하나 들여놓았다. 아버지는 그 정미소를 매입하여 운영할 때도 있었다.

함양읍에서 흘러 내려오는 강줄기 따라 월명촌은 여덟, 아홉 집들이 옹기종기 모여 사는 곳이 세 군데 있다. 북쪽으로는 홀로 우뚝 솟은 130m 정도 높이의 산이 있다. 산 주위는 들판으로 둘러싸여 있다. 월명촌은 달 월月 자에 밝을 명明 자 마을 촌村 자로 되어 있다. 내가 살았던 집은 냇가에 냇물이 흘러오는 쪽으로 제일 윗집에 자리했다. 우리 집 앞을 흐르는 시냇물은 발원지가 운봉읍, 아연면, 백전면, 병곡면, 함양읍 등골짜기 골짜기에서 냇물이 모이고 모여 만들어진 제법 큰 물줄기였다. 또 하나의 냇물은 덕유산 줄기 거창군 지역의 작은 산줄기에서 흘러온 냇물이 화산리(수동)의 끝자락에서 만나 합수가 되어 큰 강줄기가 되어서 진주 남강으로 흘러가 진양호로 연결된다.

시냇물 따라 논에 물을 채우기 위해 만든 도랑물이 흘러가고, 도랑 안쪽으로는 폭이 5~6m, 길이가 약 100m 정도 되는 평평한 풀밭이 있었다. 온 동네 아이들은 여름에는 냇물에서 목욕하고 고기 잡고, 겨울에는 꽁꽁 언 얼음 위에서 썰매 타고 팽이 치고 놀았다. 저녁 해 질 녘까지 놀이터가 되었다.

8) 유년시절의 월명촌

월명촌은 내가 자라난 마을이다. 안평에서 피난 올 때 내 나이가 몇 살인지 모른다. 할머니도 같이 와서 우리와 살다가 돌아가셨는지도 모르겠다. 이런 중요한 이야기를 그때는 아무도 말해 주지 않았고 나 또한 물어보지 않았다. 그래서 지금 내가 『우리 모두의 삶은 엇비슷할까?』를 쓰고 있는지 모르겠다. 할머니는 나를 엄청나게 좋아하셨다고 어머니께서 들은 기억이 난다. 사랑의 온도가 펄펄 끓어 도가 지나칠 정도였다고 하신다. 내 위에 형이 하나 있었는데 아주 어릴 때 돌아올 수 없는 먼 나라로 작은 새가 되어 날아가 버려 더 했으리라. 나는 한 집안의 종손인데도 할머니에 대한 기억이 한 자락도 남아 있지 않다.

할아버지에 대한 기억은 생생히 남아 있다. 참 내 두뇌는 이상한 점이 많다. 할아버지는 내가 5살이던 1955년 8월 8일에 돌아가셨다. 내가 학창시절에 공부하던 방에서 임종하셨다. 어른들이 모여서 웅성거리고 방 안에서는 곡소리가 들려올 때 마당에서 구경하고 있는 내가 보인다.

할아버지가 돌아가시기 전 해쯤 몸이 건강하셔서 함양 5일장에 다니실 때이다. 장마당으로 가는 길은 냇물 건너 옥동마을의 맨 위쪽에 물레방아가 하나 있고 그 옆으로 장에 가는 지름길이 있었다. 나는 할아버지가 장에 가신 걸 용케 알고는 돌아오실 때쯤이면 길목 냇가에서 놀고 있다가 멀리 오시는 모습이 보이면 뛰어가 인사를 하고 품에 안겼다. 그러면 할아버지의 흰 바지, 저고리 어디 호주머니에서 눈깔사탕이 튀어나와 내 입속으로 들어갔다. 눈깔사탕은 크기가 왕눈이만 해서 눈깔사탕이라고 들었다. 내 작은 입에 들어가면 입안에 온통 사탕이 차지해서 말을 할 수도 없을 정도였다. 나는 절대로 이빨로 깨물어 먹지 않았다. 혀로 입안 여기저기를 굴려 가며 천천히 녹여서 먹었다. 그 달콤함과 향기로움을 어떻게 글로 표현할까. 시詩 한 수로 음미해 본다.

왕눈이 사탕

할아버지 오일장 다녀오시는 날
위대한 것이
하얀 바지 저고리 주머니 어디선가 튀어나오던
도깨비 같은 왕눈이 사탕

동그란 것이 큼직하고 맛있었는데
할아버지 가시고 난 지금
내 눈물의 향기도 그때처럼 달콤할까

내 어디가 예뻐서
5일 장날마다 튀어나왔나
하얀 바지 저고리 벙거지 갓
주름지고 구부러진 손가락 마디
달짝지근한 향내가 못 견디게 그리운 날에는

하나뿐인 내 손녀딸에게

나도 할아버진데
왕눈이 사탕 하나 주었으면
주름진 손에 한 움큼 쥐고
아무리 고개 돌려 봐도
받아먹을 아이 하나 없네

우리 집안네가 네 가구고 다른 타성받이도 네 가구이다. 모두 8가구가 모여서 오손도손 살았다. 예전에 처음 이사와 살던 여덟 가구는 지금은 경지정리를 하면서 모든 집들이 논으로 편입 어 없어지고 순○네집 한 집만 남아 있다. 다른 집들은 산 밑 동네로 새 집을 지어 이사 했는데. 우리 집은 슬라브집이고 기○이 아저씨와 종천이 아저씨집은 기와집이었다. 그 외 다른 집들은 다른 지역으로 이사를 갔다.

그런데 그 놀이터에는 내 생애 동안 씻어도 씻을 수 없고 용서를 빌어도 용서가 안 되고 후회해도 지울 수 없는 기억이 있다.

9) 여동생 하늘나라 여행

그때가 아마 내 나이가 5살이 채 못 된 4살쯤인지 모르겠다. 할아버지께서 돌아가시기 전이면 내 나이가 4살 정도 되었지 싶다. 지금도 가슴 먹먹한 일이 기억난다. 날씨가 따뜻한 날이었다. 우리 집 대문에서 10m쯤 떨어진 곳에 방천둑이 있고 평평하고 제법 넓은 풀밭이 있었다. 어스름한 저녁나절이면 동네 아이들이 모여서 온갖 놀이를 하며 놀았다. 아마도 국민학교를 들어가기 전일 것이다.

내 바로 밑에 여동생이 하나 있었다. 걸음마를 조금 배워서 아장아장 걷기도 하고 엉금엉금 기어다닐 때니 두세 살이 되었을 거다. 부모님은 논밭에서 아직 안 오시고 나는 동생을 돌보고 있다가 아이들의 요란한 소리에 끌려 동생을 데리고 놀러 나왔다. 아이들은 수십 명이 모여 여러 가지 놀이를 하며 고함을 내지르고 뛰고 구르고 달리고 엎어지고 뒤집히고 하루를 닫는 마지막 놀이를 하고 있었다. 신이 났던 나도 놀이에 끼어들었다.

한참을 재미있게 놀고 있는데 그 밑 냇가에서 무언가를 씻던 아줌마가 동생을 냇물에서 건져 올렸다. 어른들이 아무리 애를 써도 살릴 수 없었다. 동생은 결국 돌아올 수 없는 먼 하늘나라로 작은 새가 되어 날아가 버렸다. 온 동네가 난리가 났다. 아마도 아장아장 걷거나 엉금엉금 기어가다가 턱이 없는 풀밭에서 미끄러져 냇물에 빠져 허우적거리며 떠내려 가다가 죽었을 것이다. 놀이에 빠진 나도, 그 많은 아이들도 아무도 보지 못했다. 나는 죄인이 되었다.

아직도 가슴이 먹먹하고 떨려서 여기까지밖에 못 쓰겠다. 마음이 조금 진정이 되면 그때 써야겠다. 지금은 그것은 경지정리를 하면서 풀밭 놀이터는 큰 돌들과 철망으로 쌓아 높고도 튼튼한 냇둑이 되었다. 냇물도 평평한 풀밭도 모두 사라지고, 여동생의 죽음도 기억 저 편에서 손짓한다.

사람은 살아오면서 수많은 사건 사고를 겪는다. 삶의 마무리가 중요하다. 살아오면서 매듭 지어진 연결고리를 풀고 기꺼이 작별할 줄 알아야 하며 마지막 순간을 받아 들여야 한다. 나를 얽어매고 있는 구속과 생각들로부터 벗어나 자유로워져야 한다. 죽음은 끝이 아니다. 여동생의 죽음도 끝이 아니라 아름다운 다음 생生에서 다른 삶을 사는 것이 아닌가 하는 생각이 든다. 이 세상에 올 때는 비록 오는 줄도 모르고 왔지만, 갈 때는 알아차리고 가는 것이 인생이다. 올 때는 울면서 왔지만 갈 때는 웃으면서 가야 하지 않겠는가. 죽음이란 낡은 옷을 벗고 새로운 옷으로 갈아입는 것처럼, 죽음에 대한 두려움을 버리고 편안하게 잘 죽기 위해서는 어떤 마음을 가져야 할까.

10) 수동국민학교 일학년 시절

수동국민학교는 함양군 수동면 소재지이고 월명촌은 함양읍 소재지이다. 거리는 2km 정도이고 거창 쪽에서 흘러 내려오는 제법 큰 냇물을 건너야 한다. 다리는 일제시대에 만든 다리인데 6·25 전쟁 때 폭격으로 한 칸이 파괴되어 한국 기술로 수리했으나 다시 파손되어 재보수했다고 한다. 지금은 대전 통영 간 고속도로가 지나가고 함양 수동 간은 국가지원 지방도로가 지나간다. 옛날의 그 다리가 그대로 있고 좀 더 큰 다리가 있어 다리가 2개이다.

옛날 그 다리를 월명 아이들과 척지 아이들이 함께 이용했다. 내가 4학년이 될 때까지는 척지 아이들이 많고 힘이 세서 월명촌 아이들이 동생 노릇을 하며 맛있는 것이 있으면 빼앗기고 딱지나 구슬 같은 것들은 주머니 뒤짐을 당해서 빼앗겼다. 그런 선배들이 졸업을 해서 5학년이 되자 내가 대장이 되었다. 5학년 위의 학생이 척지에는 2명이고 월명에는 세 명인데 내가 힘이 가장 셌다. 그래서 4학년 때까지 받은 설움을 모두 되갚아 주고 보상을 받았다. 국민학교 동기는 나와 육촌 동생, 순○, 최○구, 김○애 이렇게 네 명이다. 35세대쯤 되는 작은 마을인데 아이들이 많았다. 그때는 보통 자녀들이 한 가정에 대여섯 명씩은 되었다.

초등학교 1학년 시절이다. 그때는 구불구불한 논둑길을 걸어 다녔다. 좀 위쪽 산밑으로는 소달구지가 다니는 길이 있었으나 지름길이 논둑길이라 많이 이용했다. 그해 겨울날 눈이 참 많이 왔다. 검정 고무신 신은 발이 무릎까지 푹푹 빠지던 날 아버지가 논둑길로 마중을 나오셨다. 등에 업혀 집으로 올 때 아버지의 등은 얼마나 넓고 따뜻했던가. 구수한 땀 냄새가 정말로 향기로웠다. 아버지 발걸음에 맞추어 내 등에 멘 책 보따리 속의 양철 필통 몽당연필이 딸랑딸랑 행진곡을 불러 주었다. 행복했던 유년 시절이었다.

엉엉 울어 버렸다

무쇠 난로에서 장작이 벌겋게 타고
창밖에는 목화송이만 한 눈이
하염없이 쏟아졌다
콧물 훌쩍이는 여자애와 짝이 되어
공부하던 일 학년 교실
구멍 난 양말에 발가락이
두 개 나와 부끄럼 탔다
공부는 하는 둥 마는 둥
집에 갈 일 태산이다
눈이 무릎까지 빠지는 논둑길
검정 고무신 투정이 심하다
추위가 발가락을 찌르고
두 번이나 넘어지고
어머니가 보고 싶어졌다
참지 못하고
나는 엉엉 울어 버렸다

11) 국민학교 고학년 시절

국민학교 5, 6학년 때였을 것이다. 나, 순○, ○구 셋이서 돈을 조금 모아 학용품을 사서 문제집 같은 것을 풀어서 점수가 가장 높은 아이가 상으로 조금씩 가져갔다.

욕심이 나서 공부를 좀 더 열심히 했다. 주로 우리 집 내 공부방이 있는 아래채 대문간 방에서 했다. 6학년 한창 더운 여름날, 유행성 돌림병으로 정구가 죽고 말았다. 마을마다 아이들이 죽어 나갔다. 나도 왼쪽 발 무릎과 발목 사이에 흉터가 지름 4cm 정도 크기로 남아 있다. 부스럼이 났는데 병원에서 치료받지 못하고 동네에 나이 많은 영감님에게 갔는데 그는 한의원도 아니고 그냥 집에서 제조한 고약으로 치료를 해 주었다. 돌팔이 영감이라 고생을 많이 하고 겨우 완치가 되었다. 당시에는 병원도 귀했지만 치료비도 부담스러웠다.

그래도 우리 집은 논이 10마지기 정도 되어 조금 잘 사는 축에 들었다. 하루 세 끼니 밥은 굶지 않고 살았다. 부모님이 열심히 노력한 대가였으리라. 고구마도 방 윗목에 싸릿대로 그물망을 만들어 보관해 놓고 겨우내 먹었다. 무도 땅속에 묻어 놓고 밤이면 하나씩 꺼내 먹으면 달콤하고 아삭아삭 씹히는 맛이 꿀맛이었다.

광만이라고 나보다 나이가 한두 살 많은 아이가 있었다. 우리 집에서 밥을 먹고 소꼴을 베고 잔심부름을 하는 꼴머슴이었다. 그 집은 농토가 없어 부모들이 농사를 짓지 않고 객지에서 품팔이를 하여 매우 가난하게 살았다. 형인 광천이라는 애가 동생들을 데리고 살았다. 그래서 나는 자주 고구마를 조금씩 가져다주고 그 집에서 놀곤 하였다.

나는 아버지께 용돈을 받기도 했지만 그 돈으로는 부족하여 친구들과 화투놀이를 할 때면 부모님 몰래. 쌀을 한 되박 정도 훔쳐서 방물장수 집에 가져가서 돈을 만들기도 하고 사탕이나 오징어를 사 먹기도 했다. 부모님은 대충 알고 있었지만 크게 꾸중은 하지 않았다. 쌀독에 나름대로 어떤 표식을 해 두셨는데 나도 자세히 보아 두었다가 쌀을 퍼내고 나서는 본래처럼 해 두었지만 부모님은 귀신같이 알아채리셨다. 다른 아이들도 대부분 그렇게 했다. 모든 가정 살림살이에서 제일 큰 돈은 송아지를 판 돈이고 그다음이 돼지 새끼를 판 돈이었다. 다음에는 쌀이나 보리쌀을 판 돈이고 맨 마지막이 잡곡을 판 돈이다. 그 시절 모두가 어렵고 힘들게 살았다.

12) 추억의 초등학교 시절

오락 시간이었다. 한 아이씩 나와서 수수께끼를 내고 답을 말하는 놀이었다. 차례가 처음인 아이들은 사람들 사이에 많이 흘러 다니던 문제를 내니 거의 답을 알아 맞히었다. 많은 아이들의 차례가 지나가고 마지막 즈음이 되어서야 내 차례가 되었다. 모두들 앞에서 아는 이야기를 해 버려서 나는 할 주제가 없고 생각도 나지 않았다. 그렇게 어정쩡한 상태로 앞에 나갔는데 진땀이 나서 이마에 손을 대 보았더니 이마 오른쪽 위 머리칼이 나기 직전 부위에 쌀 한 톨만 한 물사마귀가 돋아 있었다. 나는 그것이 손에 만져지는 순간 문제를 하나 냈다. '맨들맨들하고 평평한 바위 위에 조그만 돌멩이 하나 놓여 있는 게 무엇일까요?' 아무도 들어보지 못한 수수께끼고 아무리 생각해 보아도 답이 없는 문제였다. 반 아이들이 고개를 갸웃거리며 생각에 몰두했지만 정답은 나오지 않아 아이들은 두 손을 들고 말았다. 나는 의기양양해서 정답을 공개했다. "제 이마에 있는 물사마귀입니다" 그 순간 우리 반은 폭소의 도가니가 되었고 옆에 앉아 있던 여선생님도 웃으셨다. 내 책상에 돌아오니 같은 책상에 앉아 공부하는 여자아이가 옆구리를 툭 치며 언제 그 생각을 했느냐고 물었다. 나는 웃기만 했다. 여자애의 이름이 영숙이었다. 예쁘지 않은 얼굴이지만 공부는 잘했다. 그래서 나는 또 아이들에게 놀림감이 되었다.

6학년 때였다. 나는 좀 올찬 아이다. 아마도 사춘기가 국민학생일 때 왔나 보다. 같은 반 여자아이가 나보다는 한두 살 많았다. 집으로 오는 길 초입에 그애 집이 있어 놀러 갔다. 그 애 부모는 들로 일하러 가고 혼자 있었다. 나는 눈깔사탕이나 건빵을 사 가지고 가서 나눠 먹으며 놀았다. 그런데 이웃에 사는 두 살 많은 선배가 그 여자애를 좋아했나 보다. 붙잡혀 가서 몇 대 얻어맞았다. 힘으로 붙으면 한주먹거리밖에 안 되었지만 괜히 선배 잘못 때렸다가 소문이라도 나면 입장이 곤란해져 잘못 하면 학교에 다니기 어려울 수 있다. 나는 부모님 덕분에 밥을 굶지 않고 영양가 있는 음식을 먹어서 성장 상태가 좋아 힘쓰는 일은 잘했다. 그때는 선후배의 위치가 엄격했다. 그렇게 재미있고 추억이 있던 국민학교 시절은 가고 중학교 시험을 치게 되었다.

13) 함양중학교에 300명 중 100등 안으로 입학했다

수동국민학교 옆에는 수동중학교가 있고 함양읍에는 함양중학교가 있었다. 두 학교는 수준 차이가 제법 많이 났다. 아마도 면소재지와 읍소재지의 차이일 것이다. 나는 함양중학교에 시험을 쳤다. 그때는 중학교도 시험을 치고 입학했다. 수동국민학교에서 5명이 시험을 쳐서 4명이 합격을 했다. 6촌 동생뻘 되는 순우와 나는 국민학교 때 열심히 공부를 했다. 우리는 용돈을 조금씩 모아서 학용품을 사서 문제집을 풀어 점수가 가장 많은 아이가 조금씩 가져갔다. 학용품 욕심과 경쟁심이 있었으리라. 함양중학교는 60명 정원에 5개 반이 있어 한 학기에 300명 모집이었다. 전부가 남자아이들이고 여자 중학교는 옆에 따로 있었다. 순우와 나는 100등 안에 드는 합격을 했다.

시험 발표하는 날이었다. 내 수험번호가 아무리 찾아보아도 안 보여서 시험에 떨어졌다고 낙심하며 울고 섰는데, 옆에 있는 고등학생이 보기가 딱했는지 몇 번이냐고 물어서 이야기했더니 '어! 네 번호가 저 옆에 있네'라고 했다. 그래서 자세히 보니 그 옆쪽에 1등부터 100등까지 등수대로 적혀 있었다. 내가 불합격된 게 아니라 100등 안에 드는 합격을 한 것이다. 나는 기분이 좋아서 눈물을 닦고 팔짝팔짝 뛰었다. 고등학생도 내 어깨를 툭 치며 같이 기뻐해 주었다. 100등 안에 합격한 것도 좋았지만 떨어졌다고 울고 있다가 합격이 되었으니 더욱더 기분이 좋았다. 순우와 나는 서로 라이벌 의식도 조금 생기고 해서 하루 왕복 12km의 비포장도로를 2시간 30분이나 걸려서 걸어 다녔다. 손아귀에 쏙 들어가는 돌돌 말리는 영어 단어장을 들고 다니면서 외웠다.

14) 가슴 저린 내 사랑

키가 쪼그만 중학교 1학년 남자애가 비포장도로 6km를 걸어 학교에 간다. 늙어 털털거리는 버스가 자갈길을 흙먼지를 휙 날리며 덜컹덜컹 지나간다. 아이는 버스를 힐끗 흘겨보고 돌멩이 하나 발길로 차 보고 솔방울도 툭 찬다.

어! 그런데 오늘은 토요일이다. 갑자기 발걸음이 힘차고 빨라져 하늘에 둥실 뜬구름 위를 걷는 듯 버스보다 먼저 학교에 왔다. 공부는 대충 하는 둥 마는 둥 오늘은 외갓집에 가는 날이다.

골 깊은 지리산 자락 동구 밖 정자나무 밑에 호랑이가 마중 나와 긴 담뱃대를 입에 물고 '꼬맹아 반갑다' 한다. 외갓집에는 두 살 많은 형과 동갑내기 동무, 두 살 적은 예쁜 여동생이 반가워 죽겠다고 난리가 났다. 아마도 뽐내려고 사 온 건빵 세 봉지 때문일 것이다. 건빵은 맛은 좀 덜하지만. 돈은 적게 들고 부피는 크고 먹을 양도 많다.

진짜배기는 교복 안 주머니에 감추어 둔 눈깔사탕이다. 외갓집 뒤 작은 초가집에 사는 가시나가 먹을 것이다. 내가 외갓집에 자주 오는 이유는 형제도 좋지만 순전히 고 가시나 때문이다. 우리는 저녁을 먹으면 뒷산 작은 언덕 묏등 옆에서 만난다. 가시나 손을 잡고 눈깔사탕을 주면 도톰한 빨간 입술의 입이 작아서 겨우 들어간다. 그 애가 빨아 먹으면 볼이 볼록해졌다가 보조개가 잡혔다가 한다.

가시나는 단발머리에 동그랗고 초롱초롱한 눈동자와 오똑한 콧날이 아름다웁다. 나이는 나하고 동갑인데 몸피가 자그만 해서 예전에 한 번 안아 보니 비둘기 한 마리를 안은 것 같았다. 내 가슴은 콩닥콩닥 뛰었다. 묏등 주인 할머니도 흰 머리칼 날리며 쪼그려 앉아 우리 이야기 듣다가 낄낄거리며 갔다. 젊은 날 향수가 아직도 남아 있는 것 같았다.
 그렇게 세월이 흐르고 나는 갈 곳 없는 들개처럼 안개 자욱한 들판을 헤매고 어정거리다가 해병대 속으로 숨어 버리고, 가시나는 서울 어느 부잣집에 식모살이로 갔다.

15) 하숙생 되다

 이사를 한다. 아버지가 운전하시는 경운기 뒷자리에서 책가방을 가슴에 안고 내가 탔다. 종이상자에는 책 몇 권과 옷가지가 든 상자 또 하나, 고구마 조금, 앞코가 찢어진 운동화 한 켤레, 검정 고무신, 아령 권투장갑을 싣고 덜컹거리며 간다. 집에서 6km 떨어진 함양중학교가 있는 읍내이다. 이사 가는 집은 어머니의 친정 아주머니뻘 집이다. 나는 중학교 1학년 여름방학 때 석유를 들이마셔 학교에 10달 넘게 못 가는 사고를 당해 기초가 없어 학력 절름발이가 되었다. 시험만 보면 항상 뒤에서 맴돌았다. 그래서 학교에 가려면 2시간 30분이나 걸리는 통학 시간이 아까워 공부를 더 열심히 하기 위해 하숙을 하러 가는 중이다.
 경운기를 타고 덜컹덜컹 비포장길을 지나갔다. 쿠션이 전혀 없는 경운기 짐칸은 움푹 패인 웅덩이를 지날 때면 내 엉덩이를 높이 치켜올렸다. 사정없이 내팽개쳤다. 몇 번 그러다가 요령이 생긴 나는 바퀴가 웅덩이를 지날 때는 엉덩이를 살짝 들었다가 지나가면 살짝 내려놓았다. 그러면 바퀴가 약이 올라 흙먼지를 휙 나에게로 풍긴다. 나는 또 숨을 참았다가 먼지가 지나가면 숨을 쉬었다. 언제나 경운기는 나의 적수가 못 되었다. 생전 처음 집을 떠나 하숙을 하러 가는 기쁨이 뭉게구름을 타고 "안녕하셔요? 제가 문분달 씨 큰아들 채식이입니다."

하숙 생활이 시작되었다. 첫날밤은 두근거리는 가슴을 보듬고 한참을 뒤척이다가 늦게서야 잠이 들었다. 덕분에 아침에 늦잠을 잤다. 그런데도 학교에 지각을 하지 않았다. 반찬도 며칠간은 우리 집보다 많고 맛있었다. 특히 돼지고기 찌개가 일품이었다. 그런데 며칠이 지나니 우리 집 반찬과 비슷해졌다.

학교에서 돌아오면 책가방을 방구석에 던져 놓고 만화방으로 갔다. 나는 사람을 사귀는 데는 재주가 있다. 만화방에서 단발머리에 초롱초롱한 까만 눈동자, 오똑한 콧날에 나이는 동갑인데 몸집이 아담하고 제법 예쁜 축에 드는 여학생을 만났다. 나는 그 여학생의 만화책 보는 돈을 대신 내주고 사탕도 하나 사주며 꼬셨다.

내 하숙방으로 놀러 온 여학생에게 집에서 가져온 고구마도 깎아 주었다. 그 애의 입이 빨갛고 도톰하고 작아서 고구마가 겨우 들어갔다. 고구마를 먹고 빨면 볼이 볼록했다가 보조개가 잡혔다가 한다. 그 애는 달콤하고 아삭아삭 씹히는 맛을 보며 맛나게 먹었다. 아직도 종이상자에는 5개가 남았다. 나는 먹지 않고 소녀에게만 주려고 마음먹었다.

그 애가 안 오는 날이면 뒷골목 삼거리에 있는 붕어빵 집에 갔다. 나이 많은 아주머니가 빵도 굽고 소주도 팔며 안주로는 노가리를 구워 준다. 손님은 주로 내 또래의 남자애들이나 고등학생 형들이 오고 어쩌다 여고생 누나들도 한두 명 낄 때도 있다. 내 단짝은 같은 학년 쫄랑이와 학교에 다니지 않는 아이들 두셋이다. 우리는 빵을 먹다가 소주 한두 병을 시켜 놓고 남들이 들으면 나쁜 짓이라고 생각할 말들만 해 놓고 무엇이 재미있는지 낄낄거렸다. 며칠 전에는 국어 선생님에게 불려 가서 뺨 몇 대를 얻어맞고 풀려났다. 그런 날은 재수 옴 붙은 날이었다.

아버지는 주로 오일장 날 경운기에 고구마나 군것질거리를 싣고 오셨다. 아버지 발자국소리는 탕, 탕, 탕. 멀리서도 들렸다. 그러면 그 애는 집으로 돌려보내고 대충 방을 정리했다. 아버지는 웃으시며 "채식이 공부 열심히 하나? 자, 용돈이다. 작지만 아껴 써라" 하신다. 그럴 때면 조금 미안한 생각이 들다가도 금방 사라졌다. "예, 그냥저냥 하고 있어요. 고맙습니다." 하면 끝이다.

그렇게 하루하루 무의미하고 희망이 보이지 않는 중학시절을 흘려 버렸다. 고등학교는 갈 수 있을는지. 나는 안개 자욱한 벌판에 쏘다니는 들개 같은 하숙생이었다.

16) 공부와 담을 쌓게 만든 큰 사고

　중학교 1학년 때 나는 큰 사고를 당했다. 그때부터 불출이라는 이름이 죽자사자 붙어 다녔고, 공부에는 취미를 잃고 술, 담배, 이성의 위로 속에서 눈먼 자의 삶을 살았다. 절름발이가 되어 어정거리고 있는 모습을 지켜보는 아버지의 심정은 어떠했을까. 학교 가기는 죽어라 싫고 나쁜 일에는 단골이 되었다. 용돈이 필요하다 보니 거짓말은 항상 뒤를 따라다녔다. 아버지는 뻔한 거짓말에도 속아 넘어가 주셨다. 아마도 일부러 속은 체하신 것 같다. 지금 생각해도 죄스럽다.

　나는 아버지의 따뜻하고 속 깊은 자식 사랑의 보살핌을 고맙게 느끼지 못하는 팔불출이의 삶을 살았다. 학교는 다니는 둥 마는 둥 깡패 같은 말썽꾼이 되었다. 고등학교 3학년 여름방학 때 학업을 포기하고 부산으로 도망을 갔다. 명절 때 와 보니 내가 공부하던 방 흙벽에 졸업장이 덩그러니 걸려 있었다. 어머니 말씀으로는 아버지께서 공납금을 들고 담임선생을 만나 보름 동안 빌었단다. 그때는 아버지의 깊고 따뜻한 보살핌과 눈물겨운 자식 사랑의 의미를 알지 못했다.

벽에 걸린 졸업장

초가 내 방 흙벽에
졸업장이 덩그러니 걸렸다
공부가 싫다며
도시로 떠난 아들
애닯은 아버지가
공납금 들고 담임선생님 만나
보름 동안 고개 숙이고 손발 비비며
내 졸업장 받아 오신 걸
나중에야 알았다
삭풍이 불던 차가운 설날
공부방 흙벽에 걸린
눈물겨운 자식 사랑
아버지 가슴에 박은 대못
언제나 뽑을 수 있을까

 고등학교 시절 나는 농사일만큼은 열심히 했다. 우리 동네 월명촌에는 경운기, 타작기, 농약살포기 등의 농기계는 우리 집밖에 없어서 타작 철이나 농번기에는 무척이나 바빴다. 일머리가 어중간할 때는 새벽 두 시까지 일한 적도 많다. 농기구로 하는 작업은 혼자서는 할 수가 없어 아버지와 나는 단골 파트너 교대자가 되었다. 마침 우리 학교는 농업고등학교라 농번기에는 봄방학을 했다.

양파는 함양지역의 특산품이라 거의 다가 논에 양파를 심었다. 그래서 집집마다 서둘렀으니 야간 작업을 안 할 수가 없는 형편이다. 아버지와 나는 형제 같은 느낌으로 단골 파트너이자 교대자가 되었다. 함양읍 오일장에 아버지와 경운기를 몰고 시장에 갈 때 내가 미처 구레나룻을 깎지 못해 덥수룩하면 아버지 친구분들이 나를 보고 동생이냐고 물었다. 그러면 아버지는 나를 보고 빙긋이 웃곤 했다.

세월이 흐르고 내가 아버지가 되어 보니 내 아버지의 한 많은 심정을 조금은 알게 되었다. 조금 있으면 아버지의 제삿날이 돌아온다. 아버지 제삿날에는 할아버지, 할머니, 큰아버지, 어머니 다섯 분을 모시고 제사를 지낸다. 종손이고 장남인 나로서는 법도에 어긋난 줄 알면서도 도리가 없다. 제객祭客도 나와 딸 달랑 둘뿐이다. 언제나 나에게 관대하신 아버지는 이 못난 아들을 너그럽게 용서해 주시며 웃으실 것이다.

오늘 아침이 2025년 음력 설날이다. 명절 제사는 생략하기로 했다. 아들이 대만에서 안부 전화를 했다.

17) 육촌 동생이며 라이벌 선망의 대상

　육촌 동생은 초등학교, 중학교 동창이고, 한 마을에 살면서 가까이 지내며 자라났다. 동생은 공부를 열심히 해서 진주고등학교에 입학하고 나는 그와는 반대되는 중학교 시절을 보내면서 시험도 치르지 않는 함양종합고등학교에 입학했다.

　어쩌면 인생길에는 눈에 보이지 않는 어떤 길이 존재하는지도 모른다. 중학교 1학년 여름방학 때 큰 사고로 돌이킬 수 없는 비탄의 길을 걸어온 나의 행로. 또 되풀이 걸어야 할 불 보듯 뻔한 고등학교 성적. 그래도 가야만 하는 학업의 길. 결코 멈출 수 없는 나의 숙명의 길이 아닐까? 길은 걸으면 발자국이 남는다. 눈밭이나 진흙길이나 아스팔트길이나 매한가지다. 눈에 보이지 않을 땐 가슴 속에 각인되는 것이 발자국이다. 그때는 그렇게 생각했다. 그리고 지레 학업을 포기했다.

　고등학교 여름방학 때 도시로 도망쳤다. 학업 포기의 대가는 냉혹했다. 아버지가 학교로 찾아가셔서 통사정을 해 졸업장을 내 공부방 바람벽에 덩그러니 걸어놓았다. 깡패 같은 청춘시절이었다. 청춘이라지만 꽃다운 꽃 한 번 피워 보지 못하고 가슴은 언제나 텅 비어 내 발걸음은 갈피를 잡지 못하고 늘 허둥대었던 비릿한 시절이었다.

18) 발자국

눈 덮인 언덕길에
아침 햇살이 앉아
은갈치 비늘로 팔딱인다

발자국 하나 없는
이른 아침 길을 걷다가
뒤돌아본다

깊이 찍힌 발자국
지고 온 삶의 배낭이
저렇게나 무거웠나

어지럽게 찍힌 발자국의 영혼을
무엇이 흔들어
괴롭혔나

가던 길 멈출 수 없네
그래도 가야지

남들이 공부하는 시간에 공부를 하지 않으니 시간은 남아돌고, 시간이 남아 무료해지니 그 시간에 온통 나쁜 일을 저질렀다. 중학교 때보다 술과 담배의 의존도는 깊어지고 위로를 받으려 이성을 찾아 떠돌았다.

월명촌에는 박○두와 김상진이 있었다. 석두는 학생이고 상진이는 국민학교도 다니지 않은 아이다. 모두가 나보다는 한두 살씩 많았다. 상진이는 먼 친척집에 와서 꼴머슴살이를 했고 매일 집에 있으니 산에서 새알도 찾고 새 새끼도 주워 왔다. 나는 몇 번 새 새끼를 얻어 키워 보았으나 매번 실패했다. 우리 셋이는 저녁에 만나면 화투를 많이 쳤다. 그때는 '펑'이라는 화투 놀이였다. 술과 오징어를 사다가 먹기도 하고 어떤 날은 닭이나 토끼를 잡아다 먹었다. 그리고 수박이나 과일도 서리해서 먹었다. 지금은 이런 행위는 절도죄로 벌을 받을 수 있지만 그 시절에는 꾸중이나 한번 듣고 말거나 훔친 값을 변상하면 되었다. 오락거리가 별로 없고 배도 고팠던 시절이다.

19) 과외 선생님

아버지는 내가 이렇게 방탕한 학교생활을 하자 가슴 쓰려하셨다. 그 당시 나는 아버지가 탈선한 내 행동을 뻔히 알면서도 참고 넘기시는 심정을 이해하지 못했다. 오히려 방학이면 같은 동네에 사는 먼 친척 아저씨뻘인 대구에서 대학을 다니는 박무웅이라는 분을 우리 집으로 데려와 과외 공부를 시켰다. 그런데도 나는 별 효과를 보지 못했다. 또 함양읍 거러실에 사는 대구 계명대학를 졸업한 외갓집 문정호 형도 집에 데려와 공부를 가르치게 했으나 효과가 없었다. 정호 형은 나보다 두 살이 많았는데 지금은 이승에 없다. 너무 짧은 삶이라 안타깝지만 죽음은 누구도 어쩔 수 없다.

나는 가끔씩 지금도 생각한다. 중학교 1학년 때 동기생들과 같이 2학년에 올라가지 말고 한 해 휴학하여 다시 1학년부터 시작했으면 기초를 잃지 않아 열등생이 아닌 우등생이 되었을 거라고. 하지만 한번 흘러간 강물은 다시 거슬러 올라오지 않는다. 속담에 비유하면 깨어진 독이고 이미 엎질러진 물이다. 비록 학교생활은 열등생이었지만 집의 농사일은 열성적으로 했다 잘 먹고 자라서 힘쓰는 일은 잘 해냈다.

20) 관편마을 이야기

함양읍에 관편마을이라는 동네가 있다. 내가 다니는 함양농업고등학교에서 1.5km 떨어지고, 월명촌에서 차도로 가서 한징기마을을 지나 고개를 넘으면 관편마을이다. 이 고개는 제법 높은 언덕

길이다. 버스도 경운기도 우마차도 나도 숨을 헐떡이고 넘어야 한다. 집에서 출발해 대략 4km쯤 걸어서 힘이 빠질 때쯤이면 이 고개가 기다리고 있다. 그 누구도 이 고개를 넘지 않고는 함양에 갈 수가 없다. 대신 강둑길을 따라서 가는 길이 있으나 멀리 돌아가고 사람만 걸을 수 있는 오솔길이라 이용하는 사람이 별로 없다. 고개를 넘으면 한들이라는 넓은 논들을 지나 읍소재지에 도착한다.

관편마을에서 지금은 이름이 기억이 안 나는데 함양중학교에 다니는 3학년 남학생의 영어를 가르치며 밥을 얻어먹고 가정교사 비슷한 일을 했다. 시험만 보면 꼴찌에서 두세 번째인 내가 어떻게 영어를 가르칠 수 있었을까. 그것은 나의 경험에 의해서이다. 나는 영어 참고서 하나로 방학 때마다 무웅이 아저씨와 외사촌형에게 첫 페이지부터 3분의 1 정도는 몇 번이나 반복 공부를 해서 외우지는 못해도 책을 보고는 이해를 했다.

그런 방식으로 나도 학생을 가르쳤다. 잘 가르치고 있는지, 잘못 가르치고 있는지 그냥 흉내만 내었다. 그런데 동네 소문은 아주 좋게 났다. 내가 공부를 잘하고 착한 학생인 줄 알고 있다. 생김새도 얌전하게 생기고 얼굴도 훤하게 생긴 덕을 보았다.

월명촌에 사는 방상옥이 장가를 가서 각시를 데려왔다. 나는 고등학교에 갈 때 그 집 앞을 지나야 해서 간혹 그 집 새댁과 얼굴을 마주쳤다. 그 새댁이 잘생긴 저 학생은 어느 집 아들인가 궁금해했다고 하는 말도 있었다. 관편마을에는 여고생이 한 명이었다. 여학생은 소문이 좋게 나고 훤칠한 나에게 호감을 가져 우리는 밤에 몇 번 만났다. 그런데 그 동네에 사는 학교 다니지 않은 남자 애가 여학생을 흠모한 모양이었다. 나에게 질투를 해서 싸움이 한 판 붙었다. 승부는 무승부였고 그 뒤로 친구가 되어 문○○라는 동기생과 3명이서 단짝 친구가 되었다. 한 동네에 사는 문○○가 좋아하는 여자 친구가 전라도 광주에서 직장생활을 하는데 광주 고등학생과 연애를 한다는 걸 알고는 그 학생을 혼내 주기 위해서 셋이서 광주로 쳐들어갔다.

  우리 셋은 먼저 만나기로 연락을 해두고 광주행 버스를 탔다. 광주에 도착해서 늦은 점심을 먹고 먼저 연락이 된 광주고등학교 학생 세 명과 야산 밑 언덕에서 만났다. 우리는 서로 대충 인사를 하고 협상을 시작했다. 먼저 그 여자애와 교제를 끊으라고 좋게 말하며 문○○가 먼저 사귀고 있다고 말했다. 협상은 잘되었다. 상대에게 그렇게 하겠다고 확답을 받았다. 만약 그렇지 않았다면 처음에 도전장을 낸 것처럼 한 판 승부를 가렸을 것이다. 우리 여섯은 서로 웃는 얼굴로 다시 악수를 하고 가까이 있는 중국집으로 가서 짜장면을 먹고 빼갈 또는 고량주라고도 부르는 도수 높은 술도 시켜 먹었다. 광주 친구들은 집으로 가고 우리는 여인숙에서 하룻밤을 자고 다음 날 함양으로 왔다. 뒷날 그 소문은 함양 바닥에 제법 크게 퍼졌다. 우리 셋은 작은 영웅이 되었고 깡패라는 웃지 못할 별명이 뒤따라다녔다.
  사실이 그랬다. 나는 공부에 흥미를 잃은 지 오래고 술과 담배,

이성과는 더욱 가까워졌다. 한 가지가 만족해지면 다른 한 가지는 부족해지는 것이 인지상정일지도 모른다. 오늘도 어김없이 쓸쓸함이 찾아온다. 이런 날은 내가 태어난 고향 안평마을을 지키는 오백 년 묵은 당산나무가 보고 싶다.

21) 노동의 행복

땅, 땅, 땅
성이 난 경운기 연통은 벌겋게 달아오르고
불만스레 울부짖는다
밤낮으로 일한 지가 보름이 넘었으니 그럴 만도 하다
양파는 파종 시기를 놓치면 어려움이 있어 모두가 서두른다
늙는 경운기가 늙다리 소가 되어 자꾸 주저앉으려 한다
배를 채워 주고 냉각수를 점검하여
머리를 한번 쓰다듬어 주었다

잠잘 시간이 지났는데 순이가 온다
막걸리 한 병과 대추 몇 알을 내 손에 쥐어 준다
목이 말라 병째로 한 모금 마시니
피곤이 입안을 톡 쏘며 어둠 속으로 날아간다

대추도 한 알 씹으니 순이 냄새가 달콤하다
논바닥을 깊게 파고 흙덩이를 부드럽게
해달라는 무언의 부탁일 거다
섬세하게 작업했다
시간이 더 걸렸지만 피곤하지 않았다
흙에서 순이 냄새도 났다

중학교 삼 학년 어느 가을밤이다

22) 아버지의 단골 파트너

   나는 왕이 되어 나에게 고개 숙여 경의를 표하는 수많은 신하들을 사열한다. 한 손은 거수경례로 답하고 한 손은 신하들의 머리를 쓰다듬으며 흐뭇한 마음으로 논둑길을 걷는다. 이 맛에, 이 멋에 힘든 노동도 마다하지 못했나 보다.
   다만 마음 한구석에 만족스럽지 못한 것이 있다면 니글니글한 비료 냄새였다. 왕을 알현하는 사열식에 맛나던 메뚜기도 불참이고, 향기롭던 돼지똥 냄새도 숨어 버렸다. 역겨운 비료 냄새가 아버지의 구수한 땀 냄새도 덮어 버렸다.

아마도 이 논배미였을 것이다. 학교에서 돌아온 나는 야간작업으로 경운기 로타리 작업을 하시는 아버지와 단골 파트너 교대자가 되었다. 낮으로는 남의 논에서 돈벌이 작업을 하시고, 짬을 내어 야간에 우리 집 논 작업을 하신다. 그때는 마을에 우리 집만 경운기가 있었다. 나락 타작 철이나 보리타작 철이면 눈코 뜰 새 없이 바빴다.

전등불을 밝히고 야간작업도 많이 했다. 어떤 날은 일머리가 어중간해 새벽 두 시까지 일한 적도 몇 번 있었다. 다음 날 아침에 6km의 비포장길을 졸면서 걸어 학교에 갔다. 버스비가 부담스러웠다. 지각을 하면 벌을 받았다. 그래도 변명하지 않고 순순히 응했다. 그때는 누구나 그랬다. 아버지는 나보다 스물한 살이 많았다.

2부
청중년기의 질풍노도

1) 당산나무에게 가 보자

오늘같이 비 내리고 마음이 울적한 날에는
지리산 밑 고향 마을 지킴이 당산나무에게 가 보자
동구밖에 우람한 덩치로 서 있는 당산나무 너는
얼마나 많은 사람들을 먼 타지로 떠나보내고 또 품어 안았더냐
내 청소년 시절 순이의 손목을 움켜쥐고 무명 보자기에
검정 고무신 한 켤레, 옷가지 한 벌, 쌀 두어 되
등짝에 옭아매고 첫 새벽에 도망쳤지
등신 같은 당산나무는 소년과 소녀를 붙잡지 않고
큰 눈망울만 멀뚱거렸지
터질 듯이 두근거리는 가슴만 쓸어내렸다

추석 지나 대보름날 저녁이면 동네 사람들을 붙들어
안고 어르고 달래면서 먼 전설을 이야기해 주었지
네 편도 내 편도 아닌 엉거주춤한 당산나무에게
희망 쫓아 떠나는 사람 멍든 가슴 부여안고 고향 찾는 사람
모두가 두 손 모으고 고개 숙이지 않았더냐
얼간이 같이 오는 사람 가는 사람 차별하지 않았지
오늘같이 비가 내리고 삶이 고달파 화가 나는 날에는
당산나무에게 가 보자, 가서 한마디 물어 보자

빗줄기 하염없이 맞으며 우리를 기다리고
있을지도 몰라

2) 누구나 그땐 그랬다

앞마당 감나무에 붉은 감들이 햇빛에 반짝인다. 먼저 맺힌 큰형은 늙어 홍시가 되었고, 맛있어 보이는 홍시를 까치 한 놈이 쪼아 먹고 또 한 놈은 힐끔힐끔 망을 본다. 참 세상 많이 좋아졌다. 내 어릴 적 시절이면 어림 반 푼 어치도 없다. 당장 돌멩이 몇 개와 호통이 날아갔다. 사람 배가 까치 배보다 더 고팠던 시절이다.

가을은 열매의 계절이다. 밤이, 대추가, 감이 익어 저마다의 색깔과 향기를 뿜낸다. 한여름 무섭게 쏟아져 내리던 땡볕과 쥐어짜듯 몰아친 폭풍우가 있었기에, 그들을 이겨 내고 인내했기에 더욱 곱게 익어 달콤할지도 모른다.

출렁거리는 벼 나락을 보기만 해도 배가 부르다. 풍성한 가을이다. 덤으로 시원한 바람은 살랑거리고 하늘은 에메랄드빛으로 높고 푸르다. 지금 나는 검정 고무신 아닌 운동화, 그것도 나이키 제품을 신고 논둑길을 걷는다. 경지 정리가 잘 되어 바둑판처럼 반듯반듯한 논바닥에 잘 익은 이삭이 황금 물결로 출렁이고 무거워진 고개를 가누지 못해 깊이 숙이고 보살펴 준 농부들에게 감사 인사를 올린다.

3) 부산살이 타향살이

   나는 학생 노릇 반, 깡패 노릇 반, 가는 곳마다 사고뭉치였다. 결국은 순경들의 추적을 피해서 고등학교 3학년 여름방학 때 학업을 포기하고 부산으로 도망을 갔다. 부산에는 이모네 집이 거러실에서 이사 와서 살고 있었다. 이모네 집은 이종사촌 누님이 시집을 가서 광안리에서 지금의 슈퍼마켓 비슷한 가게를 했고, 이모 집은 그 주위에 있었다. 이모 집에는 나이가 나보다 1살 많은 판수 형과 동호 동생 또 동생이 있었다. 처음에 이모 집에서 밥을 얻어먹다가 눈치가 보여서 더 있지 못하고 집을 나왔다.
   부산에는 국민학교 동기생이 둘이 중학교를 졸업하고 직장을 구해서 일하고 있었다. 재성이와 김진성이다. 재성이가 구두 만드는 가내 공업에서 일해서 나도 조금 해 보았는데 도저히 적성에 맞지 않아 그만두었다. 그 후로는 진성이에게 붙어서 기생충 같은 생활을 했다. 잠은 진성이 옆에 붙어 자고, 돈이 있으며 밥 사 먹고 없으면 굶었다. 주로 짜장면을 많이 먹어 변 색깔이 검었다.
   진성이는 전기제품 도매상에서 일했다. 내가 돈이 생기는 출처였다. 내가 가게 앞에서 얼쩡거리고 있으면 진성이가 주인 몰래 부피가 작고 값이 많이 나가는 부속품을 하나 가지고 나와서 내 손에 쥐여 주었다. 그러면 나는 다른 가게에 전기제품을 취급하는 소매상으로 가져가 반값으로 팔았다. 지금은 절도죄로 어림도 없는 행위였지만 그때만 해도 모두가 어렵게 사는 시대라 죄의식을 크게 느끼지 못했다. 기약 없고 무의미한 삶의 한 단락을 살 때였다.

4) 삶의 배낭

내 청소년 시절
작은 실수로
잘못 맺어진 매듭 하나가
엄청난 무게로 짓눌러 버린 인생
결국은 견디지 못하고
뉘우침의 길로 나섰다
굽은 등에 삶의 배낭
감당하기 힘든 무게만큼
아찔한 벼랑길을 걷는다
주마등같이 스쳐 가는
부끄러움은 내 몫이다
지난 세월을
떨치려는 만큼 엉겅퀴로
굽은 등에 달라붙는다
평생 이루지 못한 꿈

가슴 저린 후회의 삶
굽은 등에 진 무거운 배낭이
석양을 걷는다

5) 자랑스러운 해병대에 입대하다

  나의 고등학교 시절은 반항적이고 부정적이며 불만투성이에 켜켜이 쌓인 울분을 폭발시키는 것뿐이었다. 자질구레한 사건 사고가 많았지만 글로 써 보려 하니 부끄러움과 수치스러움, 죄스러움으로 글감으로 쓰기에 부적절하다.
  아버지께서 보름 동안 고개 숙이고 공납금을 바치고 해서 사다 놓은 고등학교 졸업장으로 나도 고등학교 졸업을 했다. 나는 아버지께 보답을 하려고 농사일을 열심히 도와 드렸다.
  육촌 동생은 진주고등학교를 졸업하고 진주교육대학에 입학했다. 졸업하면 초등학교 교사가 될 것이다. 나는 직업도 없는 반거들충이가 될 게 눈에 보인다. 수동파출소 순경들의 눈초리도 무섭고 미래의 내 처지도 너무나 난감해 도저히 견디지 못하고 부산으로 내려가서 해병대 지원 시험을 보았다. 해병대는 학교 성적은 별로 보지 않고 신체 단련도에 집중해서 합격을 했다. 그전에 안평에 사는 종팔이 아재와 경찰 시험을 몇 번 보았는데 둘 다 불합격을 맛보았다. 중학교 시험에 합격한 것과 해병대 시험에 합격한 것이 내 삶에서 처음이었다. 나는 해병대 속으로 숨어 들었다.

6) 해병수색대 일원으로

　대한민국 해병대(흑룡부대)는 1949년 4월 15일 경남 창원시 진해구 덕산동 덕산 비행장에서 해군에서 선발된 장교 26명, 부사관 54명, 수병 300명, 총인원 380명으로 창설되었다.
　백령도는 북한 땅 평안남도 용연군 밑에 남한의 인천광역시 옹진군 백령면 북포리 면적 51.18km^{2}이고, 인구 4,743명으로 강화군 교동도보다 조금 큰 섬이다.
　진해에서 해병대 군 기본 교육을 받고 수료하는 날, 아버지께서 면회를 오셨다.
　모든 군대가 그랬겠지만 6·25전쟁 이후라 교육이 더 엄했다. 인생은 또 삶은 참을 줄 알아야 하고 기다릴 줄 알아야 한다. 덤비면 진다. 그 순간 모든 게 덫이 된다. 모래수렁처럼 자력으로는 빠져나오지 못한다.
　나는 오나가나 말썽꾼이었다. 겁도 없이 내무실 2층 침대에서 담배를 피우다 당직사관에게 적발되어 한밤중에 내무반 전체에 총 기상명령이 떨어졌고 나는 죽지 않을 정도로 두들겨 맞았다.

몸은 못 견디게 아팠지만 고된 훈련에 곤히 잠들었던 동기생들에게 미안해서 심리적으로 고통스러웠다.

교육 수료 후에 나는 통신병과를 받아 진해에서 다시 한 달 동안 통신교육을 받았다. 훈련소 쪽으로는 오줌도 누지 않는다는 말이 괜히 나온 말이 아니었다. 통신교육이 끝나고 포항으로 전출이 되었다. 포항에 올라가 본대 배치 대기 중에 수색대에 배치를 받았다. 뒤로 넘어져도 코가 깨진다고 이래저래 재수가 없고 운이 없었다. 전체 해병대 중에서 수색대만 중대병력이 있는 긴장의 끈을 놓치지 않아야 하는 중요부대였다.

북한에서 특수부대 김신조 일당 31명이 청와대를 습격해서 대통령 암살을 목적으로 남하했다. 다행히 도중에 발각되어 거의 다 사살하고 김신조는 생포되었다. 남한도 그에 대비해 수색대를 대대병력으로 증원을 했다. 이때 나도 포함되었다. 훈련의 강도가 전보다 배로 강해졌다. 6·25전쟁 때는 전군이 전투를 했지만 우리 해병대는 인천상륙작전에 투입되어 성공하지 않았던가. 나는 해병대 수색대원이다. 수색대원답게 이겨 내자 이를 악물었다.

늦가을에 시작된 훈련은 엄청난 고난도의 연속이었다. 7명이 1개 조로 편성되어 몸에 두른 것은 카키복 반바지 외 맨몸이었다. 머리에는 고무보트를 이고 포항 도구해수욕장 앞바다 해병대 상륙훈련장까지 구보나 속보로 갔다. 바다 위를 보트로 저어 가다가 7명이 힘을 합쳐 보트를 뒤집었다가 다시 본래대로 바로 뒤집는 훈련이었다. 기술과 힘이 필요한 전술이다. 바닷속으로 잠수해서

숨을 오래 참는 것도 숙지했다. 그때는 초겨울이라 물속이 더 따뜻했다. 카키복 반바지에 운동화가 전부인 복장으로 맨손체조로 공중으로 높이 뛰었다가 양손을 머리 위에서 박수를 치는 훈련이다. 피티체조라고 했는데 우리 교육생들은 피퐁체조라고 불렀다. 그러나 추위를 이기는 방법은 체력을 소모하는 방법밖에 없었다.

수색대에서는 월급도 몇천 원 나왔지만 별도로 생명수당이 봉급만큼 나왔다. 다른 수병들보다 급료가 배가 되었다. 부식도 고기 종류가 매 식사 때마다 나왔다. 그만큼 고강도 훈련을 받으니 엄청난 칼로리가 필요했다.

포항에서 해병대 수색대 기본 교육과 함께 도구해수욕장 해병대 상륙작전 훈련장에서 교육을 마치고 지옥의 포항을 떠났다. 수색대대가 창설되어 강화도에 도착했다. 보통 대대장은 대위가 대대장인데 수색대는 소령이 배치되었다. 강 소령님이셨는데 키가 크고 몸이 날렵하고 인자한 성격의 소유자였다. 수색대대는 김신조 때문에 갑자기 창설된 부대라 막사가 없어서 천막을 치고 병영 생활을 시작했다. 포항에서는 바닷물에서만 살았는데 강화도에 와서는 산으로만 다녔다. 산등성이를 타고 계곡을 타고 곳곳의 지형지물을 눈에 익히고 머릿속에 입력을 시켰다. 강화도는 김포에서 강화대교를 타고 갑곶돈대에 도착한다. 섬 크기 별로 나열해 보면 강화도 본섬과 석모도, 교동도, 백령도, 불음도, 주문도, 서금도, 미법도, 말도, 아차도, 기장섬, 남도 등이다. 섬 이름 외우는 것도 강화도에서 해병수색대원 병사로 복무해서이다.

7) 나의 자부심, 해병수색대

　우리 수색중대는 산에서 훈련을 하는 도중에 남한에 침투해 숨어 있던 북한군 4명을 발견하여 사살했다. 이들은 두더지처럼 땅속에, 다람쥐처럼 나무 위에 올라가 은신처를 만들어 숨어 있었다. 보통 사람들이 땅바닥을 살피고 다니지 공중을 잘 살피지 않는다는 약점을 이용한 것이다. 우리 부대는 몇 개월의 산악훈련을 마치고 오피나 초소로 배치되었다.
　나는 석모도 최북단에 있는 상주산 264m 자락에 있는 초소에 배치되었다. 인원은 10명 미만이고 중사가 초소장이다. 직책은 통신업무였다. 초소장은 교회에 열심이고 농사철이 되면 농가에 가서 농사일을 도왔다. 한번은 벼나락을 베다 낫에 왼쪽 발을 다쳐서 고생을 했다. 나는 말썽꾼이다. 또 사고를 쳤다. 작대기 세 개 상병 시절이다. 병장이 하도 괴롭혀 밤에 불러내어 좀 두들겨 패 주었다. 이것이 말썽이 되어 대대장에게 불려 가서 얻어터지고 감방생활 1달을 살았다. 이것으로 동기생들보다 한 달 더 군복무를 했다. 이래저래 손해만 보았다.
　일병 때 첫 휴가를 나갈 때 기차에는 군인들만 타는 전용칸이 두세 량이 있었다.
　이 칸에는 육군, 해군, 공군들이 95% 정도이고 해병이 5% 정도 탄다. 그래도 해병이 모자를 들고 복도를 지나가면 타 군인들이 모자에 동전을 넣어 준다. 말하자면 순검을 도는 것이다. 해병대 병사가 싸움을 잘해서가 아니고 어떤 관례였다. 해병대는 단합이 잘 되었고, 타군들은 개인플레이고 말썽이 나는 것이 귀찮아서 그랬을 것이다. 해병대에서는 싸움에 이기고 부대에 오면 별일이 없지만 지고 왔다면 또 얻어터져야 한다. 휴가를 나와서 수동파출소 앞을 지나가니 얼굴이 낯익은 순경이 불렀다. 가 보니 "어! 박장순이 해병대에 갔네. 너를 잡아서 콩밥을 좀 먹여야 했는데 이제는 어쩔 수가 없네." 한다. 나는 답례로 "충성" 하고 거수경례를 했다. 군인은 헌병들만 잡을 수 있지 순경들은 어쩌지 못한다. 그래서 나는 군에 입대하기 전의 죄가 모두 무마가 되었다. 나는 해병대하고도 해병수색대의 일원으로 펄펄 날았다.

8) 백령도 찬바람

해 저무는 서편 최북단
외로운 섬 백령도
매서운 눈초리는
몰아치는 바닷바람처럼
차갑다
폭발해 버릴 것 같은

긴장된
야간 근무
머리를 한 번 흔들면
물매화 피는 실개천
나무다리를 건너
내 청춘은 고향으로 간다
가슴에 안겨
주먹으로 가슴을 치며
가지 말라 울던
가시내
손에 쥔 M1 소총의 차가움이
가시내의 치맛자락을 잡아 흔들며
나는 귀신 잡는 사나이다

서편 최북단 외로운 섬, 바닷바람 몰아치는 추운 백령도까지 가시내가 면회를 왔다. 버스 타고 배 타고 먼 길을 못난 나를 보러왔다. 초소장에게 허락을 받고 민가집 방 한 칸을 빌렸다. 이불 속에서 안았다. 가시내는 약속을 하란다. 나는 제대 후에 결혼하자고 약속했다. 문풍지 밖에는 바람이 쏘다니고 나는 가시내와 꽃그늘 이불속으로 숨어들었다.

9) 생의 끝자락을 다녀오다

해병대 수색대 훈련 중 수중에서 호흡을 놓쳐 버리고
생의 마지막 길로 접어들 때 누군가의 손에 이끌려 살아났다

자세히 살펴보니 용궁이다
너무나 아름다운 광경에 눈을 못 뜨고 있는데
용왕님이 엄하게 네 이놈 네 죄는 네가 알렸다 호통치신다

내가 지은 죄가 한두 개인가
몇 수십 개가 넘어 머리가 어지러웠다
정신을 차리자! 가만히 생각해 보니
남을 괴롭힌 일
몰래 닭 잡아먹은 일
부모님 말씀 안 듣고 옆길로 샌 일
죄를 피해 해병대 속으로 숨어 버린 일 등
셀 수 없이 많다
부끄러워 고개를 들지 못하고
잘못했습니다 죄를 주시면 달게 받겠습니다 빌었다
용왕님 한참을 생각하시더니
좋다 한 번만 용서해 주겠다 하신다

옆에 서 있던 인어공주는 나보다 더 좋아하며 생긋 웃는다
나는 죄를 잊어버리고 또 죄를 지을 양
마음이 인어공주에게로 달려간다

어림 반 푼 어치도 없는 생각 무지개다리는 아름다운 다리지만
인간은 건널 수 없는 다리 어정거리고 섰는데
인어공주 나를 품에 안고 포항 도구해수욕장
해병대 상륙훈련장에 상륙시킨다
인어공주의 옥구슬 구르는 목소리
사나이 중의 사나이여 잘 가라, 힘내라
나는 죽다가 살아온 그곳에서 내 삶의 길을 다시 찾았다

세월은 가고 나는 늙었다
그날의 험난했던 귀신 잡던 훈련이
아직도 내 몸속에 남아 몸부림친다

 인어공주의 힘내라는 응원 소리는 세월이 흐를수록 더욱더 아름답게 무지갯빛으로 빛난다. 용왕님의 넓은 아량으로 다시 시작하려는 나의 삶이 보석으로 변했으면 좋겠다. 우리는 '업'이라는 말을 자주 쓴다. 그 고통은 모두 내가 전생에 지은 빚이다. 선은 선을 낳고 미움은 미움을 낳고 악은 악을 잉태하는 법이다.
 악을 일삼은 사람과 만난 것도 인연이다. 전생에 맺어진 인연으

로 만나게 된 것이다. 그러한 인연도 필연이다. 무조건 사랑으로 해결해야 한다. 이 세상에서 사랑으로 해결되지 않는 것은 하나도 없다. 악을 사랑으로 감싸고 다스리고 이해하고 수용하다 보면 어느 사이엔가 악은 사라지게 마련이다. 사랑은 조건 없이 주는 것이다. 악은 반드시 선과 사랑에게 패배하게 되어 있다. 악은 사랑만이 다스릴 수 있다. 사랑은 내가 가지고 있을 때는 아무런 가치가 없지만, 남에게 주었을 때 아름다운 열매를 맺을 수 있는 것이다. 내 마음을 내가 잘 다스리고 뉘우치는 마음으로 열심히 살아가려고 결심을 해 보는데 잘 될는지 모르겠다.

10) 둥지를 틀다

그럭저럭 흐르는 세월의 배에 올라타 36개월이라는 숫자를 채웠다. 전에는 30개월이 군복무 기간이었는데 김신조 일당이 침투하는 바람에 5개월이 연장되고 나는 또 감방생활 1개월이 문제가 되어 동기생들보다 1개월을 더 복무했다.

1972년 내 나이 22살에 '해병대수색대 병장 군번 9360900번 218기'로 군 제대를 하고 고향 월명촌으로 귀향했다. 집에 와서 미래를 설계하려고 보니 배움이 부족해서 취업을 할 수도 없고 기술이 없어서 직장도 구할 수 없었다. 절에도 가고 방실마을 고모님 댁으로 가서 공부를 해 경찰시험도 보았지만 두 번이나 낙방을 해서 포기를 했다. 아버지 하시는 농사일을 도우며 허송세월을 보낸 시기였다. 나는 무심코 보낸 세월이지만 아버지가 바라보는 관점에서는 무언가 부족해 보이고 애처로워 보였을 것이다.

  1년이 또 흘렀다. 어머니의 친정 동네에 사는 아주머니가 중매를 서서 백전면 회재마을에 있는 아가씨와 맞선을 보게 되었다. 아가씨는 함양군청에 근무하는 둘째 형부 집에서 집안일을 돌보고 있었다. 나는 그 집에 가서 선을 보았다. 고등학교를 졸업했고 군 제대도 했고 몸도 건강하고 그만하면 얼굴도 잘생겼다고 후한 점수를 받았다. 장인어른도 우리 집에 와 보니 마구간에는 소가 있고, 돼지우리에는 토실토실한 돼지 여러 마리가 있고, 헛간에는 경운기가 버티고, 발동기 나락 보리타작기 농약살포기 등 신식농기구가 가득했으니 얼마나 풍족해 보였겠는가. 특히 경운기는 그 당시 농촌에서는 보배 덩어리였다. 논과 밭이 재산목록 1호고 소나 돼지 가축이 2호였으니 더욱 그랬다.

  경남 함양군 함양읍 백천리 월명 972번지에서 결혼을 했다.

  그렇게 전통 재래식으로 결혼식을 했다. 내 나이 23살 때이다. 1974년 1월 내 나이 24살에 첫아이 장남이 태어났다. 내가 집안의 종손이니 장남도 종손의 자리에 올라앉게 되었다. 덩달아서 책임이 무거워졌다.

  군에 입대하기 전에는 나의 자세가 어지러웠는데 그래도 군복무 기간 동안 조금씩 철이 들었다. 그래도 그 버릇 남 주겠는가.

결혼생활 초기에 아내의 결혼반지를 함양 술집에 저당 잡히고 술을 먹었다가 결국은 찾지 못하고 날려 버렸다. 이런 상황이니 철이 들었다고 할 수도 없고 다른 모든 일들도 입 아프게 더 말해서 무엇 하랴!. 부끄럽고 미안할 뿐이다. 아내와 살면서 바쁘다는 핑계로 결혼반지를 다시 해 주지 못하다가 칠십 중반이 되어서야 다시 선물을 했다.

11) 내 생애 첫 집

　부산시 진구 부암동 9-12번지로 또 이사를 했다. 무슨 이유로 이사를 했는지 잊어 먹었지만 집의 내부 구조는 최악이라 아직도 기억이 난다. 부엌에서 부뚜막을 통해 방문을 열고 방안으로 들어가는 구조였다. 이번 이사가 고향 월명촌에서부터 남의 집으로 전전한 것이 여섯 번째였다. 1974년에 이삿짐을 싣고 부산에 내려온 뒤 1977년이니 1년에 2번은 이사를 했다. 내가 등에 지고 가는 삶의 배낭이 이렇게나 무거웠던가?
　이 집에서 또 사고가 일어났다. 부엌 연탄아궁이에 물 솥을 얹고 물을 끓이다가 아들과 딸아이 팔에 화상을 입었다. 급히 병원으로 달려가 응급조치를 했지만 지금도 두 아이 팔뚝에 희미한 흉터가 남아 있다. 단칸방에는 우리 부부와 두 아이가 지냈고 남동생은 다락방에서 지냈다. 그동안 연탄 가스도 몇 번이나 마셨다. 이런 환경이 모든 게 나의 부족이고 모자람이었지만 당시 나는 정신이 실타래처럼 엉켜 버려 여태껏 참고 인내해 오던 것이 폭발했다. 황급히 버스를 타고 고향 함양 월명촌으로 달려갔다.

 학창시절 막무가내 근성이, 해병대 수색대의 오기가 냄비에 물 끓듯 펄펄 끓어올랐다. 아버지에게 다짜고짜로 아들과 딸을 뜨거운 물에 삶아 놓고 왔습니다. 내 앞으로 되어 있는 논 팔아 주셔요 하고 땡깡을 부렸다. 아버지는 나의 못된 성격과 행동을 옆에 데리고 살면서 많이 보아 오셨지만, 그것보다도 귀여운 손주들이 뜨거운 물에 사고가 났다는 말에 더 놀랐을 것이다.

 아들놈이 며칠을 두고 이성까지 잃어버리고 졸라 대니 천하 없는 장사도 이길 수가 없을 것이다. 나는 아버지께 확답을 받고 부산으로 내려갔다. 내 앞으로 명의가 되어 있는 논 4마지기의 대충 판매 금액과 지금 살고 있는 집의 전세금과 이리저리 모을 수 있는 돈의 총 금액을 합산해 보았다. 그때가 아저씨 직물공장에서 정경사로 일할 때였다. 나는 휴일 날이나 퇴근 후에 매일 복덕방에 가서 집을 알아보기 위해 살았다. 아무리 둘러보아도 내가 가진 돈으로는 마땅한 집 구하기가 어려웠다. 그 대신 발품을 파는 방법밖에는 수가 없었다. 마음은 급하고 집은 없고 시간만 나면 집을 알아보러 다녔다.

 마침 부산시 진구 양정동 서면에 여자상업고등학교 정문 옆에 슬라브 단층집이 나왔다. 그 집은 동쪽을 향해 앉아 있고 앞에는 자그마한 화단도 있었다. 지은 지가 오래되어서 화단에 나무가 키가 컸다. 사장인 아저씨에게 돈 좀 빌려달라고 말씀드렸으나 거절을 당했다. 그래도 계약을 하고 잔금을 치렀다. 그때의 내 기분은 구름을 타고 하늘로 떠올랐다. 평생에 이렇게 기분이 흡족할 수가 있었을까? 집주인 이름으로 내 이름이 적힌 서류를 보고 눈물이 나왔다.

12) 부산 양정동에서

1978년 5월 4일 등기부에 부산시 양정동 16-161번지 박장순으로 기재되었다. 그때 장남이 5살, 딸이 2살, 내가 28살이고 아내가 27살이었다. 지금 글을 쓰다 보니 이상한 점이 발견되었다. 등기부에 등록된 날짜가 5월 4일인데 내 생일이 음력으로 4월 5일이다. 날짜는 같은데 순서가 바뀌었다. 우연도 이런 우연이 있다니 어떤 숙명의 장난이 아닌가? 궁금하다. 평생에 첫 집이고 나이에 비해서는 좀 빠른 편이다. 나는 휴일이나 퇴근을 하면 페인트와 시멘트를 사 와서 때우고 페인트칠을 했다. 서면여상은 산밑에 있었다. 버스가 다니는 큰길에서 오르막길을 걸어서 150m 정도를 걸어 올라가야 했다.

자다가도 잠이 깨면 옥상에 올라가 시내를 내려다보았다. 세상

천지가 내 발밑에 있었다. 산 중턱에서 바라보는 야경은 천하일품이었다. 아니 천하일색이었다. 눈을 감고 가만히 생각을 해도 반짝이는 불빛이 별처럼 주르르 펼쳐진다.

직물공장은 그만두었다. 아저씨에게 돈을 못 빌린 서운함도 있었지만 공장에서 실만 감아서는 장래에 희망이 없다는 것을 알았기 때문이다. 나보다 나이가 1살 많은 이종사촌 판수 형의 귀띔으로 연산로타리 시장에 있는 참기름 가게를 매입했다. 지금 생각해 보면 아찔한 벼랑길을 많이 걸었다.

여섯살배기 아들과 세살배기 딸과 아내를 짐바리 자전거 뒤에 태우고 연산로타리 시장까지 출퇴근을 했다. 자동차가 씽씽 달리는 도로를 겁도 없이 달렸으니 지금 생각해 보면 나도 참 간이 배 밖으로 나왔구나 하고 아찔해진다. 어떤 날은 아들 혼자서 집에 있는 날이 많았다. 지금도 자식들과 아내를 보면 부끄러움과 미안함이 가득하다. 그러나 그때는 몰랐다. 돈에 환장병 든 사람도 아니고 무엇을, 어디를 향해 그렇게 발버둥 치며 걸어야만 했던지. 배움이 없고 가진 돈도 없고. 도와주는 조력자도 없어서일까. 그 시절 그때는 그렇게 악착같이 살았다.

시장의 참기름 가게도 수입이 충분하지 못했다. 가게를 차렸으나 빚이 있어 이잣돈도 만만치 않았다. 어쩔 수 없이 가게 정돈이 되면 아내에게 맡기고 나는 짐바리 자전거를 끌고 약방을 찾아다니며 마대포대에 박카스 병, 감기약 병 등을 모아 자루가 차면 고물상에 가져가서 팔았다. 고물상에서는 그 병들을 종류별로 분류

해서 각 회사에 재활용품으로 팔았다. 박카스 병은 동아제약에서, 감기약 병은 제약회사에서 매입하는 식이다. 나는 빈 병 수거가 짧은 시간에 할 수 있는 부업이었고 약국에서도 쓰레기를 치워 주니 좋게 생각했다. 어떤 가게에서는 힘내라며 박카스도 한 병 주기도 했다. 빈 병은 유리 제품이라 무게도 상당했고 잘못하면 깨지는 물건이라 신경이 많이 쓰였다. 그때 나와 같이 고생한 짐 자전거가 지금도 기장 가게에 소중하게 보관되어 있다. 얼마나 정이 든 물건인가. 내가 어려울 때 나를 도와준 소중한 자전거이다.

짐 자전거

허름한 헛간 한 귀퉁이
셀 수 없이 여러 해를 지켜 온 자리
어젯밤은 삭풍이 차가웠다
앞뒤 두 발은 절름발이
몸체는 세월이 할퀸 흔적들
멍한 사고력
내 나이가 몇일까

주인은 안채에서 고독하게 살고
나만큼이나 늙었다
그는 주인이지만

나는 그의 스승일 때도 있었다
다독이며 밥과 용기와 희망을 주었다

오늘같이 추운 날 찾아 주지 않을 땐 좀 섭섭하다
어, 주인이 왔다
"잘 잤나! 어젯밤은 추웠지
얼굴이 말이 아니군
새털 같은 날들이 지나면 우린
한 줌의 재로 흩어지겠지"

주름골 깊은 주인의 따스한 말 한마디
그와 시장통을 누볐던 기억도 녹슬어 간다

13) 참기름 장사와 고물장사

참기름 장사를 하면서 고물장사를 겸한다는 것은 너무나 힘들고 남 보기에도 부끄럽고 창피한 일이었다. 그러나 한 가닥 희망이 모든 어려움을 극복해 주었다. 양정동에 집을 산 해가 1978년으로 한창 대한민국이 발전을 해 나가는 시기였다. 발전 속도가 어지러울 정도로 빨랐다. 고 박정희 대통령이 오로지 국가 발전에만 전심

전력을 기울일 때였다. 남들은 독재자다, 무어다 험담을 하는 사람들이 있지만 나는 정반대다. 그분이 없었다면 한국은 후진국을 못 벗어났을 것이다. 당시에 우리나라보다 잘 살았던 필리핀을 보면 박정희 대통령의 위대성을 짐작할 것이다.

그 시절 나는 시간만 나면 부동산에 다녔다. 갈 때마다 가슴이 부풀어 올랐다. 양정동 집값이 하룻밤 자고 나면 올라 있고 또 자고 나면 올라 있었다. 경제부흥의 힘도 작용하고 각 지역의 농촌 젊은이들이 희망을 쫓아 도시로 몰려들기 시작한 시대였다. 내가 부산에 일찍 터를 잡은 것이 행운이었다. 또 신혼 초부터 이사를 많이 다녀 본 것도 행운이었다.

1980년 5월 9일에 나는 부산 직할시 동래구 연산동 175블록 6노트에 슬라브 2층 집을 계약했다. 이곳은 오르막이 없는 평지고 지은 지도 얼마 되지 않는 새집이었다. 당시에는 버스가 다니는 길이 아니면 모든 도로가 비포장이라 비만 오면 흙길에 발이 푹푹 **빠졌**다. 그래서 한 마을 전체에 3집만이 덩그러니 앉아 있었다.

양정동 집은 78년 5월에 800만 원 정도에 구입해서 80년 5월까지 살았으니 꼭 2년을 살고 구입한 금액의 배인 1,600만 원을 받고 팔았다. 이사를 간 달도 내 생일이 든 5월이고, 팔고 나온 달도 5월이다. 마치 조상님의 어떤 계시가 있는 것 같았다.

농촌에는 젊은이들이 **빠져나가** 논값은 안 오르는데 2년 만에 800만 원을 번다는 것은 상상도 하지 못할 일이었다. 나는 양정동 산꼭대기에 집을 구입한 것처럼 연산동에도 아직 동네가 형성

되지 않고 포장도 안 된 곳으로 이사를 했다. 2층 집이 그렇게 좋았다. 그러나 돈이 부족해서 빚도 좀 내고 전세금도 안고 샀다. 돈이 부족해서 도로에서 떨어진 한적한 집을 선택했다. 3집만이 있는 허허벌판이었다.

  1층에는 앞마당 남향 쪽으로 방이 3칸 거실이 있고 북쪽 뒤에는 작은 부엌 하나와 방 2칸이 있었다. 앞쪽은 전세를 놓아서 돈을 만들고 뒤쪽에는 집주인인 우리가 살았다. 돈이 모자라니 도리가 없었다. 앞마당에 함양에서 대봉감나무 한 그루를 가져와 옮겨 심었더니 지금은 탐스러운 대봉감이 반 접 정도 열린다. 그때 내 나이 서른 살에 2층 집 주인이라니 좁다란 뒤쪽에 살아도 부끄럽지가 않았다. 집 구입대금이 2,300만 원 정도였다. 2층에도 방 2칸에 부엌 거실이 있었다.

  얼마의 세월이 흐르고 연산동 로타리 시장의 참기름 가게를 그만두고 고물 장사도 그만두고 또 다른 삶을 찾아 고난의 길을 나섰다. 누구나가 다 가는 길, 인생행로는 누가 조금 더 편하고 **빠른** 지름길을 가느냐의 차이일 뿐이다.

14) 총지배인 되다

  해운대 달맞이 동산에 있는 대형 갈빗집에 총지배인으로 취직을 했다. 종업원이 100명이 되었으니 규모가 대단했다. 아내의 사촌언니의 남편이 운영하는 가게이다. 상호는 '달맞이 갈빗집'이다. 사장의 이름은 최○○이고 충무에서 맨손으로 내려와 주유소에서 직원 생활을 하다 석유 장사로 성공한 사람이다. 초등학교도 제대로 졸업하지 못해도 운수 좋게 자수성가 한 사람이다. 부인되는 사촌 처형은 이름이 김○숙이고 나보다 한두 살 많았다. 아버지가 교육자이고 여고를 졸업했다.

그 시기가 한창 경제 성장을 할 때이고 다른 물품을 제작하고 생산하는 업종으로 투자를 하고 요식업은 천대를 받았다. 하지만 모든 게 충만해지니 만남의 장소와 회의장으로 인기를 끌었다. 심지어 국민학교 어린이들도 자기들끼리 "나 어제 달맞이 갈빗집에서 밥 먹었다"라는 말을 자랑으로 삼을 정도였다.

달맞이 갈빗집이 워낙 규모가 크다 보니 서울에서 요직에 있는 사람과 돈 많은 사람들의 만남의 장소가 되었다. 국무총리 같은 분들도 자주 오셨다. 당시에 일본은 우리나라보다 한참 앞서가는 경제국가이고 엔화도 원화에 비해 10배의 가치가 있었다. 일본의 중. 고등학생들도 수학여행으로 한국으로 왔다. 그런 날은 대형 버스가 20대 정도가 학생들을 싣고 왔다.

나는 이종 조카 두 명을 카운터에 보직을 주고 데리고 있었다. 지금은 그들 둘 다 서울에서 살고 돈도 많이 벌어 잘 살고 있다. 이번에 내가 첫 시집 『삶의 배낭』을 출간할 때 본인들 아버지 이야기를 몇 편 실었더니 출판비에 보태라며 50만 원씩 찬조했다. 나는 기쁘면서도 마음 한편으로는 부담이 되었다.

영업상 일본어는 선택이 아닌 필수가 되었다. 카운터를 맡은 이종 조카 되는 언니와 총지배인인 나는 일본어를 배우려 영업이 시작되기 전 '해운대 일본어 학원'에 등록해 열심히 다녔다. 살아남기 위한 전략이었다. 일본어로 조금씩 말하게 되니 요령이 생겨서 일본어 복습도 할 겸 돈이 있어 보이는 사람을 골라 맥주나 기타 술을 서비스 하면서 접대를 했다. 일거양득의 효과였다. 일본어가 늘면서 1만 엔의 팁도 받았다. 당시에 1만 엔이면 한국 돈으로 십만 원이었다. 팁 몇 번만 받으면 한 달 봉급이 되었다. 당시 내 봉급은 이십 몇 만 원이었다.

나는 떡 본 김에 제사 지낸다고 아침마다 종업원들을 모아 예절 교육을 시켰다. 그리고 그것을 순서대로 적어 책으로 발간했다. 인사하는 자세와 방법, 손님 안내해서 자리에 착석시키는 법, 음식이 나오면 상 차리는 법, 가위로 갈비를 자르는 법, 갈비뼈 발라내는 법, 손님과 대화 나누는 법, 식사 마치고 가실 때 배웅하는 법을 체계적으로 적어서 간단한 대화체는 일본어 옆에 한글로 적어 책자로 나누어 주고 아침 교육시간에 반복적으로 교육을 시켰다. 대한민국 요식업계에서 최초로 시작한 커다란 변화였고 계획이었다.

책을 만들 때 초안은 내가 쓰고 글씨는 카운터를 보는 이종사촌인 한○이가 썼다. 우리는 일본어도 같이 배우고 모든 행정 업무를 같이 보았다. 업장의 규모나 정원의 꾸밈새, 바라다보이는 전망과 종업원들의 몸가짐 모든 게 대한민국에서는 첫 번째가 되었다. 덕분에 방송국에서 취재를 나와서 내가 인터뷰에 응했다. 방송을 타며 전국적으로 선전이 되어 다른 곳에서 영업을 계획하는 분들이 견학을 오고 나에게서 자문을 구해 갔다.

오전 영업을 마치면 부산 시내에 있는 여행사로 판촉을 나갔다. 뒤이어 부산에도 대형 갈빗집이 부광가든, 태종대, 영도, 사하구 등 5개가 생겨났다. 그래서 경쟁이 심했다. 우리 갈빗집 최 사장이 기아자동차에서 처음 만든 '프라이드' 소형차를 한 대 사 주었다. 그 후 최 사장은 해운대구의 구의원으로 출마했다. 나는 투표권이 있는 손님이 오면 술과 음료수를 서비스하며 표를 많이 확보해 당선하는 데 일조했다. 최 사장은 돈의 위력을 보여 주었다. 명절이 되면 구두 티켓 10만 원권을 50매 정도 사서 여행사 사장들과 손님을 많이 유치할 수 있는 사람들에게 나누어 주었다. 또 내 양복도 사장이 맞추어 주고 구두도 사 주었다.

영업이 끝나면 아가씨들이 내 담배를 사 주고, 남은 갈비도 챙겨 두어 구워 먹었다. 술은 내 권한 중의 하나이니 공짜였다. 방의 배치도 내가 했기 때문에 VIP실에 배정받아서 많은 팁을 받은 아가씨는 뒷돈도 조금씩 주었다. 내가 서비스로 요리도 해 주었기 때문이다.

술과 갈비는 먹고도 남았다. 그때는 그것이 행운이라고 생각했는데 지금에 와서 보니 크나큰 불행이었다. 나는 조금씩 조금씩 알코올의 수렁으로 빠져들었다. 중학교 2학년 때부터 먹은 술이, 해병대에서 먹은 술이 내 안에서 깨어나서 잘도 넘어갔다. 아내도 가끔 일하러 왔고, 나는 야간숙직 겸 집에 가지 않고 옥상에 있는 내 침실에서 잘 때가 많았다. 학원에도 가야 하고 숙직도 해야 했다. 그때 여윳돈이 있어서 연산동 집수리를 했다. 집 앞면에 흰 대리석이 부착되어 있었는데 전체적으로 붉은 벽돌을 붙이고 2층 마당도 넓히고 방도 하나 더 들였다. 아버지가 내려오셔서 도와주시고 달맞이 갈빗집 공사를 한 강 목수가 수리 작업을 책임지었다. 제법 큰 돈이 들었다. 나도 집에서 제일 안 좋은 뒷방을 졸업하고 건물 주인답게 2층으로 이사를 했다.

15) 촌놈이 형편이 풀렸다

젊은 나이에 이층집 주인이 되었고 소형차지만 자가용도 한 대 공짜로 생겨서 아내에게도 운전 교습을 시켜 주었다. 아내가 달맞이 갈빗집 주방에서 일한 경험을 바탕으로 수영 로타리에서 연산동 쪽에 돼지고깃집을 차렸다. 아내는 아줌마 한 분을 고용하여 그럭저럭 운영을 했다. 나중에는 그게 밑천이 되어 수영구 광안동에 가게를 하나 구입했다. 가게에서는 월세가 나오는데 전액 아내 통장으로 입금되고 나는 단돈 몇 푼도 간여하지 않는다. 부족하지만 지금 나는 국민연금 월 80만 원에 의존해 살고 있다. 나의 지나온 삶이 참은 것이고 절약하는 것이 인생의 전부이다.

연산동 집은 2020년 5월 28일에 40년 정도 소유하다가 매매했다. 이것도 신기한 일의 연속이다. 양정동에 첫 집을 산 날짜도 5월 4일이고 연산동에 두 번째 집을 산 날도 5월 9일이고 연산동 집을 매매한 날짜도 5월 28일이다. 이 모든 3개의 사건이 모두 내 생일이 든 5월달이다. 귀신이 곡할 일이 아닌가.

수영 로타리 돼지고깃집도 접었다. 이번에는 제법 먼 기장군 쪽으로 이사를 했다.

16) 장원 매운탕집 주방장

2006년 10월 13일, 가정집으로 지은 집에 '장원 매운탕' 간판을 걸고 가게를 열었다. 먼저 영업을 하던 아줌마의 아들이 고리 원자력에 근무를 해서 원자력 회사 손님이 있어서 도움이 되었다. 그럭저럭 5년 정도 장사를 하다가 한동네인 버스가 다니는 대로변으로 건물을 매입해서 이사를 했다.

장안읍 기룡리에서 다시 '장원 매운탕' 간판을 걸고 가게를 열었다. 아내가 요리사 자격증을 취득했고 사업자 명의도 아내 앞으로 하고 나는 주방장이자 청소 담당, 술 관리를 맡았다.

본격적인 주방장 인생이 시작되었다. 나는 여태까지의 경험 노하우와 최선의 정성을 다하지 않으면 살아남을 수 없다는 각오로 열심히 일했다. 요식업이란 엄청난 경쟁이다. 맛이 있어야 하고, 손님이 마음을 움직이는 감명을 주어야 하고, 만족할 수 있는 보상을 받아야 한다.

싱싱하고 무공해인 채소를 손님상에 내놓기 위해서 기룡리에 사시는 단골손님인 회장님의 도움을 받아 마을 앞 밭 300평 정도를 직접 농사지었다. 막상 농사를 지으려니 농기구가 필요해서 고향 함양 월명촌에서 경운기와 관리기를 트럭에 싣고 부산 장안동 가게로 가져왔다. 경운기는 내가 중학교 2학년 때 한국 최초의 기술로 대동공업에서 제작한 보물이다. 당시에 마을 통틀어 함양읍에서도 몇 대 없었으니 경운기와 나는 60년이 된 삶의 동반자이다.

밭에는 가게에 필요한 야채인 고구마, 감자, 무, 배추, 호박 등을 심었다. 면적이 넓으니 모든 작물들이 풍성했고 특히 호박은 몇백 덩이를 수확해서 가게 안 한 편에 쌓아 손님들의 눈길을 끌었다. 손님이 부러워하며 욕심을 내면 공짜로 서비스도 하고 팔기도 했다. 손님들의 입에서 이 집에서는 모든 야채를 손수 농사지어 무공해 식품으로 대접한다는 소문이 널리 널리 퍼져나갔다. 손님에게 진심이 담긴 정성으로 대접하니 영업은 성공가도를 달렸다.

그러나 주방에서 빙빙거리는 생활이 계속되니 친구나 지인들은 멀어지고 술과 외로움이 친구 하자 졸라 댔다. 세월은 그렇게 흐르는 것인가 보다. 또 8년의 세월이 흘렀다.

17) 매운탕 가게 주방장의 위기

  긴 수염을 쓰다듬으며 메기가 커다란 입으로 한마디 한다. 내가 민물에서는 제일 멋진 신사다. 황금갑옷을 입은 잉어도 뒤질세라 잘생기고 용감한 자는 나지 하며 지려고 하지 않는다. 붕어 피라미가 팔짝 뛰며 시원한 맛이라면 우릴 따를 자 없다. 미끄덩한 몸으로 잽싸게 끼어들며 구수한 맛이라면 내가 천하제일이지 미꾸라지도 한마디 한다. 저마다 제가 제일 멋있고 잘생기고 맛있단다.
  서로가 매콤하고 깔깔함을 뽐내며 자랑이 수제비 반죽처럼 늘어졌다. 가만히 듣고만 있던 양파, 감자, 야채들이 시건방지고 예의라고는 눈꼽만큼도 없는 말이라며 얼굴이 벌겋게 달아올라서 항의가 만만치 않다. 옆에서 보고만 있던 멸치, 대파, 다시마, 무, 표고버섯, 생강, 마늘 등 육수 재료들이 날카로운 칼날을 손에 쥐고 와자지껄 주방이 폭발 직전이다.
  나, 박 주방장 해병대 수색대 출신이야. 이놈들을 한 줄로 세워놓고 몽둥이로 군기를 잡아? 아니지. 내가 참아야지. 좋은 말로 한 번 달래 봐야겠다. 얼굴에 핏기 하나 없는 민낯의 주방장이 가스불을 모두 끄고 진화에 나섰다.
  "여러분, 나 박 주방장인데 모두 진정하시고 제 말 한마디만 들어주셔요. 우리 주방에서 만들어진 매운탕은 여러분들이 힘을 합쳐 만든 전국에서도 인정받는 명품입니다. 한 분이라도 빠져서는 안

되는 게 맛의 진리입니다. 저의 작은 경험과 기억과 오랜 경륜이 첨가되고 장안사라는 고찰의 유명한 양념도 가미한 산물입니다."
 그러자 미련스럽게 입만 커다란 메기가 하품하듯 한마디 한다.
 "주방장 말이 맞는 것도 같다. 그치 멸치야."
 푸르른 바다의 향수에 잠겼던 멸치가
 "그래, 맞는 말 같애. 안 그래 무야?"
 하자 무가 뭉툭한 무거운 몸을 일으키며
 "그러게 말이야. 우리의 생각이 너무 좁았는갑다."
 그때서야 모두들 고개를 끄떡이며 손에든 칼들을 내려놓고 제자리로 돌아가 본연의 직무에 충실히 임한다. 간이 콩알만 해진 박 주방장이 몰래 한숨을 쉬고 콩닥거리는 가슴을 쓸어내린다. 매운탕을 끓이면서 속으로 제기랄, 대장짓 해먹기 더럽게 어렵네 하며 궁시렁댄다.
 이내 주방은 조용해지고 매콤하고 깔깔한 맛의 여인이 치맛자락을 끌며 사뿐히 지나간다.

 주방일은 신경이 많이 쓰이고 힘든 일이다. 한 가게의 부활과 종말의 주역이다. 환경도 좋지 않다. 가스불은 호흡기에 치명적일 수 있다. 또 사회적으로도 대우가 없는 직업이다. 많이 못 배우고 가진 것이 적고 타인의 도움이 없는 '3無자'의 어쩔 수 없는 직업이다. 주방에 콕 박혀 있으니 친구와 지인들은 떠나가고 술과 담배, 고독만 남아 친구 하자며 엉겨붙는다.

좋은 일이 있으면 안 좋은 일도 있는 게 인지상정이 아닐까. 타인의 입맛을 돋우어 기쁨을 주고 한 가정의 기둥으로 지붕을 받쳐 준다는 작은 희열도 있으리라.

18) 공연

제법 큼직한 2층짜리 연극장이 위용 있게 버스 도로변에 버티고 있다. 기장군 장안읍에서 유명한 장안사 고찰 가는 길목에 '장원매운탕' 간판이 커다랗게 붙은 연극장이 하나 있다.

이 공연장은 아침 10시부터 밤 10시까지 10여 년째 공연을 열었다. 쉬는 날은 고작 1년에 설날과 추석 명절이다. 공연장 문을 열고 들어가면 탁자들이 줄을 맞추어 앉아 있고 관객들이 편하게 앉을 수 있게 폭신한 방석이 깔린 관람석이 있다. 바로 옆에는 누구나 출입할 수 있는 무대가 설치되어 있다.

가스불이 피어오르고 모양이 다른 칼들이 날카로운 칼날을 번쩍이며 큼직한 도마 위에 나란히 진열되어 눈빛이 번쩍인다. 양파, 감자, 대파, 무, 다시마, 고추장, 된장, 마늘, 생강, 간장 등이 진열되어 있다. 주인공 역을 맡은 긴 수염 메기가 배가 갈라져 내장을 모두 쏟아 낸 채 편안한 자세로 나란히 누워 있다.

관람석 탁자에는 박 주방장 또래로 보이는 70대 부부가 앉아 수

저를 들고 열심히 공연을 관람하고 있다. 방금 젊고 예쁜 아주머니 세 분이 관람장에 들어와 주인인 박 주방장에게 왔다.

"우리는 너무 매우면 먹기가 힘들고, 짜면 얼굴이 상하니 짜지 않고 맛있게 해 주셔요."

카랑카랑하면서도 나지막한 톤의 목소리가 부드럽게 박의 귓전을 울린다. 많이 들어 본 목소리에 하던 일을 멈추고 세 여자와 눈을 맞추고 빙긋이 웃으며

"알겠구만요."

하고 대답을 날렸다. 자신이 있었다. 단골이라 몇 번이나 연출했던 작품이고 주방장 경륜도 40년이다. 눈을 감고도 할 수 있다.

가스불에 뚝배기를 올리고 육수를 붓고 기다리고 있는 메기를 넣었다. 청양고추로 담근 고추장을 풀고 한소끔 끓인 후 감자 양파 등 갖은 양념을 넣고 한참 끓였다. 가스불의 온도도 적당히 조절해서 직접 담근 간장을 넣어 간을 맞추었다.

20분간의 공연이다. 박은 콧노래를 불러 가며 관중석에 앉아 있는 관객들을 쳐다보며 손에 잡히는 대로 재료들을 던져 넣었다. 옆에서 구경하는 관중들은 간이 콩알만 해진다. 저걸 어쩌나 맵고 짜지 않을까. 아무렇게나 던져 넣는 것 같다. 박은 거리낌 없이 능숙하게 공연을 한다. 몇 가지 반찬이 담긴 쟁반에 뚝배기를 얹어 예쁜 아주머니들 탁자에 올려준다.

다 먹고 나가는 관객이 일부러 박에게 와서 "맛있게 잘 먹고 가요" 한다. 많은 시간이 흐르고 많은 연습과 실습과 정성의 양념이

첨가된 요리 비법이리라. 박은 오늘도 가슴 뿌듯한 만족감을 느낀다. 박은 관객을 보면 안다. 나이가 많으신 분들은 많이 맵지 않게 하고 어린아이가 있으면 조금 덜 맵고 싱겁게 한다. 한창때의 젊은 남자들은 많이 맵게 하고, 뜨겁게 끓이면서 먹게 가스버너에 뚝배기를 올려 준다. 젊은 여자들만 있을 때는 덜 맵고 야채를 좀 더 넣어 주고 싱겁게 해 준다. 별거 아닌 것 같은 소소한 일들이 공연의 승패를 가른다.

몇 달 전에는 반 술이나 먹은 중년 남자 두 명이 왔다. 내 딴에는 잘 만들어진 작품이라고 생각했는데 재미가 없어서 도저히 못 보겠다고 시비를 걸었다. 무엇이 재미가 없냐고 정중히 물으니 무조건 재미가 없단다. 고함을 치고 물병을 던지고 행패가 도를 넘어섰다. 직업에는 귀천이 없다고 했는데 박 스스로도 지금 하고 있는 배역이 너무나 비참하고 참담한 생각이 들어서 칼을 집어던지고 장안사 절로 뛰어가 부처님 앞에 엎드려 죄다 일러바치고 싶었다. 동료인 육수와 양파 등 각종 재료들로 흥분해서 눈을 번득이며 칼을 손에 쥐고 왁자지껄 주방이 폭발 일보 직전이 되었다. 박은 얼굴이 새파랗게 질려 가스불을 전부 끄고 진화에 나섰다.

"자, 자. 여러분. 나 박 주방장인데 모두 진정 하셔요. 저 관객이 술이 취해서 한 말이지 우리가 힘을 합쳐 만든 작품이 재미가 없어서 한 말이 절대로 아닙니다."

겨우 진정이 되어 주방은 조용해지고 박은 두근거리는 가슴을 쓸어내렸다. 또 매콤하고 깔깔한 맛의 여인이 치맛자락을 끌고 지나간다.

몇 년 전에도 한바탕 공연이 끝나고 쉬고 있는데 20대 후반쯤의 신혼부부가 박에게 와서 고개를 깊이 숙이며 "선생님, 맛있게 잘 먹었습니다."라고 인사를 한다. 박이 이상한 눈빛으로 쳐다보았다. 선생님이라니! 고객이 왕이고 박은 신하인데 이건 무언가 잘못되었다고 생각했다. 주방장 직업으로 처음 받아 보는 환대였다.

신혼부부의 사연을 듣고 보니 결혼한 지 얼마 되지 않았고 마땅한 직업이 없는데 와서 보니 공연이 너무나 재미있었다고 말한다. 한석봉이 박에게 형님 할 정도로 다른 곳을 보면서도 무를 빠르게 딱딱딱 자르고 콧노래를 부르며 하는 공연이 예술적이었다고 칭찬 일색이다. 언제나 관객이 많으니 이렇게 큼직하고 위용 있는 2층짜리 연극장을 소유할 수 있지 않는가. 그 부부는 며칠을 눈여겨 보고 반해 버렸다고 했다.

박은 위엄 있게 주방장의 길이 항상 평지만 있고 탄탄대로만 있는 게 아니라고 귀띔해 주었다. 청년은 이미 각오하였고 어떠한 고난이 있더라도 참고 견디겠다고 한다. 옆에 있던 새악시도 방긋 웃으며 아무리 가파른 오르막이라도 뒤에서 힘껏 밀어주면서 같이 오르겠다고 했다.

박은 두 젊은이에게 믿음이 갔다. 내일부터 오라고 했다. 청년은 유치원생이었다. 찬그릇 세척기 돌리는 방법부터 가스불 다루는 법, 칼 쥐고 연기하는 방법, 메기 닦달하는 법 등 하나에서 열까지 차근차근 반복적으로 숙달시켰다. 특히 육수 우려내는 비법은 성과 열을 다하여 반복적으로 알려 주었다. 그렇게 2년의 세월이 흘렀다.

19) 내 인생 이사 내력(來歷)

　나의 '이사 내력(來歷)'을 쓰려고 오십몇 년 전의 이야기를 적으려고 하니 내 머리로는 기억이 나지 않아 갈팡질팡하다가 2025년 2월 23일에 서울시 강서구 화곡3동 주민센터에 가서 주민등록표를 열람해 보았다. 그랬더니 50년 전에 손으로 기재한 자료가 있어서 년도를 혼돈하지 않고 적을 수 있었다.

　1974년 1월 17일 월명촌에서 나의 장남이 태어났다. 내 생애에서 가장 큰 보람이었다. 그러나 농촌생활은 나에게 너무나 암담한 미래로 생각되어서 희망을 찾아 도시로 나가기로 결심했다. 장남이 태어난 지 첫돌이 지나기 전이다. 이불 한 채, 밥그릇, 수저, 옷가지 몇 벌 등을 완행버스에 싣고 낯선 부산으로 첫발을 내딛었다.

　도착한 곳은 부산시 부산진구 주례동 727번지이다. 1974년 11월 13일에 이사를 와서 도시생활을 시작했다. 그곳에서 만화방을 차렸다. 이웃집에는 둘째 외숙모와 외사촌 동갑내기 창호가 살았다. 나는 처음 해 보는 가게이고 나이도 어리고 촌놈이라 월수입이 별로였다. 그래서 가게는 아내에게 맡기고 나는 국제화학이란 고무신 제조회사에 취직을 했다. 아내가 갓 돌이 지난 아들과 고생이 심했다. 그러나 그 생활도 만 1년을 채우지 못했다. 그때 큰 사건이 하나 벌어졌다. 아내와 사소한 말다툼을 하다가 내가 한 차례 손찌검을 했는데 아내가 잠깐 혼절을 했다. 나는 무릎을 꿇고 다음부터는 어떠한 일이 있어도 손찌검을 하지 않겠다고 빌었다. 지금도 나는 그때 그 약속을 지키고 있다.

6개월도 채 못된 1975년 4월 21일에 부산시 부산진구 삼락동 608번지로 이사를 했다. 자세히 살펴보니 그동안 이사를 4년 만에 6번을 했는데 이사 간 집에서 1년을 채운 집이 한 군데도 없었다. 남동생을 데리고 살았는데 내 학창시절 욱했던 근성도 작용했고, 집주인들의 잔소리를 소화할 능력도 부족했다. 더군다나 삶에서 희망이 보이지 않는 조급함도 작용했던 것 같다.

1975년 8월 30일에 부산시 전포동 101번지로 또 이사를 했다. 지금 생각해 보니 이사 비용도 만만치 않았을 것 같다. 여기서는 육촌 아저씨가 운영하는 베 짜는 직물 공장에 취직을 했다.

1976년 2월 2일에 부산시 남구 광안1동 1029번지로 또 이사했다. 지금은 이사한 이유 같은 것은 생각도 나지 않는다. 그냥 이사를 했다. 무언가가 불만족했겠지만 내가 싫어서일 수도 집주인이 싫어서일 수도 있다.

1976년 5월 17일 부산시 남구 망미동 408번지로 이사를 했다. 이 집은 뚜렷하게 기억이 난다. 주인 아주머니가 큰 방에 살고 우리가 작은 방에 살았다. 여기서 둘째인 우리 집 보배인 딸이 태어났다. 아내는 그 흔한 산파에게도 가지 않고 집에서 분만을 했다. 아기가 태어나서야 집주인 아주머니가 왔다. 장남이 태어날 때는 집안에 어른들이 있었지만 둘째가 태어날 때는 아내와 나 둘뿐이었다. 그때 아내가 병원에 가자고 했다면 내가 거절하지는 않았을 텐데 지금도 집에서 분만한 이유를 모르겠다. 경험이 전혀 없었던 나에겐 아찔한 순간이었다. 어디서 들었던가. 발목을 잡고 거꾸로 들어야 된다는 말을. 나의 모습에 아내가 깜짝 놀랐다.

20) 산그늘을 바라본다

타작마당에서 도리깨로 보리 두드리던 아버지
이마에 땀방울 훔치며
조금 쉬었다 하자 하며
뒤돌아 앉아
산그늘을 바라본다
가도 가도 끝이 없고
해도 해도 배고픈 농사일
숙명처럼 멀리 흘러 왔다
해 지고 어두우면

애타게 부르던 나의 노래
언제나 나는 농촌은 힘들어
도시로 가자 도시로 가자 했는데
몇십 년이 더 지난 어느 날
아버지가 물려준 서러운 삶
닿을 수 없는 먼 세상
내 안에서 구름처럼 살았다
살면서 힘들면 나도
아버지처럼 이마에 손을 짚고
산그늘을 바라보았다

21) 못

내 생전 아버지께
얼마나 많은 못을 박았을까
날카로운 혀끝으로
가슴을 열고 심장에다
가장 뾰족한 것으로 골라
입술을 나불거리며 깊숙이 박지 않았을까
잊히지 않는 오랜 통증

스스로는 뽑을 수 없는
박은 자만이 뽑을 수 있는 못
그땐 왜 몰랐을까
이제는 멀리 계셔 만질 수 없고
날은 저물어 찾을 수 없는 못
숱하게 박았던, 박으려고 했던
내가 들었던 망치가
나도 모르게 내 마음의 벽에 숭숭 구멍을 뚫는다

22) 배낭여행 순례길

 요단강을 건너려고 배를 기다리다가 문득 부모님이 주신 텃밭을 생각하며 참회의 눈물을 흘린다. 누구나 삶의 질이나 값어치를 떠나서 생명을 함부로 버려서는 안 된다는 명시적 교훈이 있다.

 2019년 3월 22일 새벽 5시, 부산 기장군 장안읍 장원 매운탕 가게를 쫓기듯 도망쳐 나왔다. 부서진 몸과 상처 난 영혼을 숙식 가능한 배낭에 담으니 30kg 정도 되었다. 배낭을 어깨에 짊어지고 하루 30km씩 육체와 정신을 닦으려 고행의 길, 속죄의 길을 국내로 국외로 방랑생활을 했다. 무려 3년간이었다.

부산에 있는 고리 원자력 의학원은 암 전문 병원으로 전국에서 다섯 손가락 안에 꼽히는 대형 병원이다. 정신의학과 여과장님이 MRI 촬영으로 내 머릿속을 들여다보고 "우울증으로 인지기능 뇌세포 파괴가 생겨나 치매가 진행되고 있습니다"라고 말한다. 순간 악마의 절규가 뒤통수를 쳤다. 당연한 진단이다. 술, 담배, 외로움이란 친구와 60년이 다 되도록 함께한 친숙한 동반자인데 오죽했겠는가. 나는 자포자기해서 멍하니 하늘만 바라보며 남은 생에 대해 망설이고 또 망설였다. 어떻게 하나.

"아빠 끊다가 못 끊으면 말지요 뭐!"

그래, 그렇다. 못 끊으면 말지 뭐. 부끄럽기야 하겠지. 절망스럽기도 하겠지. 자존심도 상하겠지만 순간 용기가 생겼다. 멀리서 바라만 보는 희망도 손짓해 불렀다. 꿈을 꾸었다. 남들은 그게 무슨 꿈이냐 하겠지만 나에게는 꼭 하고 싶었던 일이요, 꼭 해야만 하는 일이었다. 딸의 보석 같은 말 한마디에 힘을 내어 방랑 순례길을 떠났다.

제주도, 거제도, 울릉도, 강화도, 석모도, 백령도, 영종도, 추자도, 일본 대마도 등 섬들을 돌았다. 북한산 다섯 봉우리와 서울 근교 높은 산 10여 개, 지리산, 한라산을 등정했다. 해운대에서 고성 통일전망대, 서울 방화에서 한강을 따라 춘천까지, 아라뱃길 서울에서 서해안 따라 목포까지 전국 방방곡곡을 3년 동안 걸었다.

일본 대마도에서의 일이다. 순례 7일째쯤 되는 날이다. 어느 마을

앞 잔디밭에 텐트를 치고 야영을 하고 있는데 40대쯤 되어 보이는 젊은 부부가 찾아와 말을 걸어왔다. 어디서 왔냐고 해서 "부산에서 왔고 대마도 섬이 참 아름답다"고 했더니 잘 자라며 인사를 했다. 나는 20대 후반에 부산 달맞이 동산에 있는 '달맞이 갈빗집'에서 총지배인으로 근무를 해서 일본말을 초보자 수준 정도는 할 줄 알았다. 그렇게 서로 잘 이야기가 끝났는데 1시간 후쯤에 경찰 두 명이 와서 텐트를 철거하란다. 나는 그들에게 지금 술 담배를 끊는 중이고 수면유도제가 강한 약물을 복용 중이어서 하룻밤만 신세를 지겠다고 했다. 그들은 신고가 들어와서 어쩔 수 없다고 했다.

텐트를 둘둘 말아 차에 싣고 떠났다. 알맞은 자리에 도착해서 텐트를 이불 삼아 덮고 잤다. 다음 날 아침에 눈을 떠보니 세상에 이럴 수가! 내가 공동묘지에서 잔 것이 아닌가. 나보고 잘 자라 하고는 경찰서에 가서 신고한 남자와 여자의 이중 행태에 쫓기듯 야영한 것이 공동묘지라니! 나는 분통이 터졌지만 원효대사의 고행을 떠올리고는 마음을 가라앉혔다. 당나라로 유학 가던 중인 원효대사도 동굴에서 잠자던 중에 목이 말라 바가지에 든 물을 마시고 잠들었다가 아침에 눈을 뜨니 해골에 든 물을 마신걸 알고 득도하지 않았던가. 나도 깜깜한 밤중에 아무것도 모르고 공동묘지에서 꿀잠을 잤으니 어지럽던 마음이 깨달음을 얻은 것이 아닌가 하고 위안을 얻었다. 다시 배낭을 메고 내 나라 부산으로 발길을 향했다.

딸이 항공사에서 근무하는지라 부모인 나는 비행기 요금에서 많은 혜택을 본다. 그래서 나의 숙식 가능한 친구 배낭을 짊어진 순례길이 훨씬 수월하다. 어느 나라이든 걷다가 날이 어두워지면 맞춤한 장소를 찾아 1인용 텐트를 펴고 자고 끼니도 간단히 해결한다. 귀신 잡는 해병수색대원 정신으로 쫄지 않고 길 위에서 걷고 먹고 자는 여행을 했다. 거의 20여 개국을 배낭과 친구 하며 다녔으니 딸 덕을 톡톡히 본 셈이다. 아직도 눈을 감으면 뉴질랜드의 나지막한 동산에서 바라본 푸른 지평선이 아른거린다. 너무나도 환상적이라 그냥 우두커니 한동안 앉아 있었다.

3부

장노년기를 단련하다

1) 2025 을사년 뱀의 해

시간은 가고 또 가고, 가는 시간이 모이고 모여서 세월이 되어 흐르고 또 흐른다. 붙잡을 수도 없지만 잡는다고 무슨 큰 의미가 있겠는가. 다만 이렇게 죄의식 속에서 살다가 어느 시기가 오면, 그때는 나에게 어떤 벌이 내려질까. 궁금해질 때가 많다.

내 평생 상을 받아 본 기억은 국민학교 때 결석을 하지 않아서 받은 상과 어쩌다 학업 성적이 좋아서 받아 본 우등상 한두 번이 전부이다. 소주를 그렇게 많이 마셔 주었는데도 소주 회사로부터 감사장 하나 받아 보지 못했다. 그런데 '벌'은 '상'보다 수십 배 많이 받아 봤다. '벌 상'의 이름도 수없이 많았다. 곰곰이 생각해 보면 부끄러운 청소년이었고 청춘이었다. 쥐구멍에도 볕 들 날 있다고 하는데 과연 내 인생에도 볕 들 날이 있었을까? 올해는 을사년 뱀의 해다.

"2025년은 을사년 푸른 뱀의 해로 육십간지의 42번째, 청색의 '을'과 뱀을 의미하는 '사'를 상징하며 '청사의 해'라고도 부른다. 을사년은 서기년도를 60으로 나눴을 때 나머지가 45인 해에 해당된다. '쓸쓸하고 스산한 분위기' 같은 부정적인 의미를 가지고 있는 '을씨년스럽다'라는 표현이 을사년에서 유래한 것이다." 신문 지면에 나오는 해설을 읽으니 눈에 번쩍 띈다. 시상(詩想)도 솔솔 떠올라 〈을사년 마라톤 대회〉라는 시를 한 수 적어 본다.

을사년 마라톤 대회

깃발이 나부낀다
세계 인류의 마라톤 대회
출발지 2025년 1월 1일
도착지 2025년 12월 31일
구간거리 365km

나도 출발선에 섰다
벌써 75번째 참가다
경험에 의하면
슬픔과 기쁨 괴로움과 즐거움
오르막 내리막
비바람 눈서리
별의별 일들이 다 있었다

안락의자에 앉아 TV를 보며
주어진 길을 달린다
이스라엘 포성에 하마스가 놀라고
3년째 전쟁 중인 우크라이나 러시아
가난한 나라 아이들 배고픈 신음 소리
북한의 추잡한 오물 풍선 놀이

수많은 코스를 돌아
대한민국에 오니
국가는 외줄을 타며 위태롭고
소상공인들 한숨 소리 처절하다

그러나 꼭
좌절과 절규만 있는 것은 아니다
판도라의 상자가 움켜쥔 희망이 있지 않은가

뒤돌아보니
힘겨워 포기하고 병들고
목숨을 잃은 자도 허다하다

우리는 희망이 있기에 달릴 수 있고
목적지에 도착할 수 있다
그것은 용기와 힘이다

우리 모두 힘들지만 참고 달리자
나는 손녀딸과의 만남을 학수고대한다
멀리서 희망이 손짓해 부른다

나에게 희망이 있다면 꼭 소원은 이루어지리라 믿는다. 새해에는 손녀딸이 복 많이 받고 학업에 성심을 다해 꿈꾸는 꿈이 이루기를 바란다. 성공이란 엄청나게 위대한 것이다. 다만 그만큼의 노력과 보상이 따라야 하는 것이다.

2) 세월이 흘러가네 따스한 미소가 그립네

세월이 쉬지 않고 부지런히 흘러서
묵은해가 빠르게 가고 나니 그 자리에
새해가 달려오네 멀리서 손을 흔들며 반갑다고 달려오네
힘차게 더 가까이 달려오네
백사장 모래 위에 하얗게 부서지는 파도처럼
그대와 내가 만나는 경계선에서 영원히 존재할 것처럼
부서지는 순간에도 눈부시게 희고 아름답네 영원할 것처럼

가만히 귀 기울이면
그대가 부르는 따뜻하고 포근한 목소리가
금방이라도 들릴 것 같네 들려올 것 같네
하얀 새 달력 위에 그리고 내 마음 위에
파랗게 맑은 하늘에 솟아오르는 붉은 태양처럼
그대의 얼굴이 내게로 미소 지으며 달려오는 것 같네

우리가 아직도 같은 세상에서 함께 살면서 서로의 안부를
궁금해하며 주고받아야 할
평범하지만 뜻깊은 새해가 되었으면 좋겠네
노여움을 오래 품지 않는 온유함으로
용서를 아까워하지 않는 사랑으로
넓고 깊고 푸른 바다처럼 마음을 열어 주길 바란다네
온 세상을 품어 안은 뜨거운 태양처럼
우울하고 불안하고 고통스러움에 떨고 있는 불쌍한 나에게
사랑의 따뜻한 옷 한 벌 입혀 주었으면 좋겠네

진정으로 진정으로 사랑할 수 있도록
삶이 빛이 되고 노래가 되는 걸
이제야 늦게나마 배우고 있다오
때늦은 어리석음을 후회하고 한탄하며 올려다본 하늘에는
그대의 얼굴이 둥근 해처럼
괜찮다고 웃으라고 힘내라고 따스한 미소 보내 주네
부디 올 새해에는 언제나 건강하게 웃으며
복 많이 받고 공부 열심히 하길 비네

3) 내 이름은 불출이

답답하지 않을 정도의 넓은 공간이다. 고급 자재로 지은 지 2년도 안 된 아파트에 현기증 날 만큼 높직이 자리한 거실 소파에 앉아 서울 시내를 내려다본다. 멀리 김포공항 비행기가 내리고 떠오르는 모습이 보인다. 저건 대한항공 비행기, 저건 일본 비행기, 저마다의 각각 특색 있는 색깔로 자신들을 뽐낸다.

이렇게 높은 곳에서 편안한 소파에 앉아서 눈꺼풀에 매달린 슬픔, 부끄러움, 고독을 휴지로 닦는다. 고독 한 방울이 손등에 떨어진다. 슬픔과 부끄러움도 한 방울도 떨어진다.

내 이름은 불출이다. 많고 많은 이름 중에 왜 하필 불출이냐고? 본명은 채식이었다가 초등학교 입학 때 장순이로 바뀌고 중학교 1학년 여름방학 이후에 다시 불출이가 되었다가 마지막으로 붙은 이름은 뻔대다. 박뻔대. 왜 이름이 자꾸 바뀌었냐고? 채식이는 내 위에 형이 일찍 죽어 내 명이 길으라고 나를 낳고는 채 바구니에 담아서 애명이 채식이이고 장순이는 집안 항렬에 따라 장순이가 되었다. 불출이는 중학교 1학년 여름방학 때 큰 사고로 열 달 동안 학교를 못 가 학력 기초가 없어 절름발이가 되어 불출이가 되었다. 박뻔대는 詩 교실에 다니면서 잘 쓰지도 못하는 글을 나 혼자 만족감에 취해 문우들 앞에서 부끄러운 줄도 모르고 낭송해서 붙은 별명이다. 그런 뻔뻔스러운 얼굴을 보고 뻔대라

했다.

　불출이는 결국 술과 담배, 이성의 위로 속에서 황금 같은 학창시절을 돌멩이처럼 보냈다. 그것도 다 채우지 못하고 고등학교 여름방학 때 부산으로 도망가 어두운 골목길을 허우적거리는 들개 같은 청춘을 보냈다. 이런 나를 옆에서 지켜보시던 아버지는 얼마나 가슴이 쓰라렸을까. 친척 대학생들을 불러다 과외 공부를 시켰지만 보람도 없이 허사가 되고 말았다.

　나와 나이가 동갑이고 같은 반에서 공부했던 육촌 동생이 있었는데 그는 공부를 잘해서 초등학교 교사를 하다 교장으로 퇴직했다. 집안에서는 학자가 났다고 떠들썩했다. 수동초등학교에서 함양중학교에 입학시험을 쳤는데 300명 모집에 100등 안에 나와 동생이 들면서 합격했다. 나도 초등학교 때는 열심히 공부를 했다. 중학교 1학년 초에는 왕복 12km 비포장길을 걸어서 통학을 했다. 그때는 버스비도 부담스러운 시기였다. 손에 돌돌 말리는 영어 단어장을 들고 다니면서 외웠다. 동생과는 라이벌 의식도 있었지만 좋아하는 사이었다. 나는 지금 서울에서 객지생활 중이다. 친구도 아는 사람도 없어 성능 좋다는 핸드폰 벨 소리 한번 듣기가 가뭄에 콩 나기보다 어렵다. 우두커니 TV나 보다가 어쩌다 하늘에 구름 한 자락이라도 흘러가면 몇 마디 중얼거려 보고 하루 종일 말 한마디 못 해 보고 지나가는 일도 있다.

창밖

외롭지 않은 사람은
창밖을 보지 않으려 한다
외로운 사람은 가만히 창가에 앉아서
창 너머로 보이는 삶의 모습과
시시각각 변하는 빛의 표정을 본다
거기서 생이 속삭이는
여러 가르침을 배우고
더러는 짧은 순간 희망을 만나기도 한다

맑은 햇살이 거리에 굴러다니는 날
누군가 연인과 발걸음 같이하면
발밑에서 유리구슬 같은 행복이 굴러다닌다
선뜻 찬란한 햇살 아래로
나서지 못하던 사람들도
외로움을 잊으려 내밀한 해방감이 있는
창밖으로 걸어 나온다

4) 부산으로 도망을 갔다

　고등학교 시절은 나에게 아름답고 그리운 기억이 별로 없다. 떠올리고 싶지 않은 힘들고 괴롭고 부끄러운 추억들만 차곡차곡 쌓여 있다. 희망은 보이지 않았고 어떠한 기대나 꿈도 없었다. 청춘이라는 시절에, 꽃 피어야 할 청춘에, 무지개 피는 언덕을 바라보며 꿈에 부풀어 설레는 가슴으로 앞으로만 나아가야 했던 청춘시절에 언제 옆으로 빠질 시간과 기회가 있었던가. 여러 동기생들, 친구들은 희망을 쫓아 나아가고 나 혼자만 안개 자욱한 벌판에 길 잃은 들개처럼 헤맸다. 나 혼자만 눈 먼 자가 되어 뒷골목 거리를 떠도는 강아지처럼 초라했다.
　너무나 무의미하고 지루하고 짜증났던 고등학교 3년을 못 채우고 결국은 여름방학 때 모든 걸 포기하고 부산으로 도망을 갔다.

옛집을 향해

우뚝 솟아난 아파트 숲
꼬불꼬불 깊숙한 골목 안
키 작은 나무 돌멩이 옆
웅덩이에 한 방울 물
이웃도 없고 사랑도 없고

희망도 없던 나날들

서울역에서
반짝이는 흰 모래
철썩이는 파도의 속삭임에 이끌려
옛집을 향해
부산행 완행열차 표를 끊었다

굽이굽이 산마루 돌고
피래미 올챙이 노니는
바위 옆 작은 옹달샘 지나
나무숲 그늘에서 땀을 닦았다
철거덕 철거덕
철로길 따라 고향으로 간다

실개천이 흐르듯 그리움도
저만치서 먼저 흐른다
모든 물은 바다로 간다
한 방울 물도 고향으로 간다
나도야 간다

부산에 와 보니

부산 가는 느림보 기차에 몸을 맡겼다
스쳐 가는 풍경들이 정겨웠다
항구에 와 보니 노을이 지고
갈매기가 노래하며 춤을 추었다
묵직하게 목쉰 소리로 고함치는
뱃고동 소리가
왜 이제야 왔냐는
꾸지람만 같았다
반평생을 더 살아온
제2의 고향 부산
힘들었던 그날 이후
고향은 여기서 멀다
이제야
숨이 제대로 쉬어진다

5) 그리운 고향

어쩔 수 없이 도망쳐 나온 고향인데도 그립다. 객지 생활이 힘들고 고달플수록 더욱 그립다. 여름밤 보리밥 한 그릇 맛있게 먹고 방천둑에 앉아 바라보는 하늘엔 달이 없었다. 하늘에는 은하수가 남쪽에서 북쪽으로 길게 흘러가고 북두칠성과 수없이 많은 별들이 우수수 눈송이처럼 쏟아져 내리던 날 밤, 웃통을 벗은 몸뚱이를 물어뜯는 모기떼들의 향연, 내 뺨을 내가 내 손으로 찰싹찰싹 때리고도 아프지도 않았던 건 무엇 때문이었을까. 아마도 여름밤이 주는 낭만이었을 것이다.

실없는 농담을 지껄이다가 출출하게 배가 고파지는 깊은 밤이 되면 수박이나 참외를 남의 밭에서 몰래 따다 먹는다. 그 시원함과 달콤함, 만족감을 어찌 글로 다 표현할 수 있을까. 그때의 마음을 지금 나는 다 모르겠고 또 어쩌지도 못한다. 그때 마음은 제멋대로였으니까.

마음

내 마음의 집에는
선함과 미움이
친한 친구가 되어 살고 있다
어느 누구도 서로를 불신하지 않는다
그런데
내가
미움과 선함을

제 멋대로 불러내어

아름다운 사람도

미운 사람도 된다

6) 술 취한 날씨, 비틀거리는 계절

지금은 술을 끊었지만, 5년 전까지만 해도 하루에 소주 5병 곱하기 365일이었다. 그래서 술 제조회사에서 '술 판매 우수자 상' 후보에 오르기도 했다. 술의 특성은 걱정거리를 덮어 주는 이불이고, 밑바닥에 깔려 조용히 쉬고 있는 어떤 울분을 끓어오르게 하는 냄비도 되며, 가난하고 부족하고 부끄러운 얼굴을 숨겨 주는 가면을 씌워 주기도 한다. 없던 용기도 생기고 위선자로 만들고 뻔뻔스러움을 자동차에 태워 폭주 운전으로 달리게 해 준다. 그 외에도 수도 없이 많지만 중요한 것은 의욕상실에 빠지게 하고 정신과 몸을 황폐하게 하며 중독성이 강하여 수렁에 한번 빠지면 헤어나기가 무척이나 어렵다는 것이 문제이다.

금단 현상

어쩌다 이렇게

깊숙이 빠져 버렸나
담배에 술독에

손이 떨리고
현실감각을 상실하고
헛소리와 발작
환각과 환청에 시달린다

기어올라라
어서 기어올라
이를 악물고
이 금단의 벽을 넘어서자

가족들의
애절한 저 눈빛들이
보이지 않느냐

지금 넘어서지 않으면
영원히
내일이란 없다

지금 날씨도 술이 취했다. 올겨울은 별나다. 많이 춥겠다고 걱정을 했던 한 겨울은 싱겁게 얼렁뚱땅 넘어가고 봄이로구나 했는데 웬걸 입춘이 지나자, 마지막 발악이라도 하는 양 강추위가 휘몰아친다. 서울은 5일 동안이나 최저 기온이 영하 10도 이하로 내려갔고 강원 산악지대는 최저 영하 25도까지 떨어졌다. 한강은 지난 9일에 올해 처음으로 얼어붙었는데. 이는 1906년 관측 시작 이래 두 번째로 늦은 기록이라고 한다. 3월이 내일 모랜데 하고 두꺼운 옷을 벗어 놓고 조금 얇은 옷을 입고 나왔다가 혼쭐이 났다. 아 뜨거워하고 다시 두꺼운 옷을 꺼내 입었다. 날씨가 내가 한창 술을 즐기던 시기와 꼭 닮았다.

  돈 버는 일이라면 누구 못지않게 열심히 살았는데, 옆길로도 새지 않고 외길 인생으로 살았는데, 그놈의 술 때문에 마누라에게 미운털 박힌 오리 새끼로 여겨지지 않았던가. 멍한 착각 속에서 사랑한다는 말은 잊어버렸고 '그래'라고 말해야 할 때 '아니요' 하고, '아니요' 해야 할 때 '그래' 하며 살아온 불출이였으니 오죽했겠는가. 내가 그런 게 아니고 술이 그랬지만 벌은 내가 받았다.

7) 나는 어떤 벌을 받을까

  인간이 자연을 푸대접해서
  가을이 게으름뱅이 되고 지각생이 되었다

인간의 죄명이 환경오염범이라나 뭐라나
뉘우칠 줄 모르고 변명만 늘어놓으며
미꾸라지처럼 빠져나가려는
요 녀석에게 어떤 벌을 주면 좋을까

나는 농고 시절
새벽 2시까지 경운기 로타리 작업한 날은
졸면서 비포장길 6km를 걸어서 가면
지각생이 되어 벌을 받으면서도
변명하지 않고 순순히 응했다

지금도 그때를 원망하지 않는다
원망의 대상은 가난이다
농촌이 어머니이고
등록금과 삶의 일부분이다

가을의 불만과 변명을
사람들은 어떻게 생각할까
어쩌면
당연하다고 생각하면
나는 어떤 벌을 받을까

8) 아버지 제삿날

　엄청 높은 지리산 끝자락에 제일 작은 막내 산인 화장산은 밀양 박씨 선산이다. 동구 밖에서 안평마을을 지키는 수호신인 정자나무는 수령이 500년도 더 된다. 그렇게 우람한 정자나무가 모두 3그루나 된다. 두 나무는 마을 입구에, 한 나무는 마을 끝 산비탈에서 500년이 넘도록 마을을 보듬어 안고 편안히 지켜 주는 수호신이다.

　함양군 유림면 안평 마을은 빛나는 역사를 간직한 마을이다. 나는 1950년 4월 5일(음력) 용맹한 호랑이해에 안평마을에서 태어났다. 행인지 불행인지 모를 종손의 감투를 쓰고 우렁찬 첫 울음을 터뜨렸다.

　안평마을 뒷산 화장산 기슭은 수백 년 전에도, 지금도 처녀 총각이 고사리 뜯고 송이버섯 캐고 소먹이며 술래잡기 놀이하던 정답고 아름답고 포근한 산이다. 방죽에는 목욕하고 가재 잡던 실개천도 있다.

　아무리 가물어도 물 걱정 한 번도 하지 않던 다락논들 옆 양지바른 곳에는 17층짜리로 아름답게 반짝이는 아파트 한 동이 있다. 동네에는 연세 많으신 분들이 많아 엘리베이터는 특별 제작품으로 설치했다. 아파트 이름은 '밀양 박씨 납골당 아파트'이다. 선조님들은 잠드셨던 봉분 떠나 새 아파트에 입주하셨다. 모두들 엄청 행복해

하셨다.

오늘은 아버지(박종운, 1929. 1. 28. ~ 2011. 4. 8., 향년 82세) 가 사시던 집을 떠나 아파트로 입주하는 날이다. 나는 기념으로 어머니 (문분달, 1928. ~ 2022. 11. 18.(양) 음력 10. 25.(음), 향년 94세), 할아버지 박동규(1955. 8. 8. 별세), 할머니(김성녀, 6. 20. 별세), 큰아버지(박종문, 7. 26. 일본 화태로 징병 가서 별세)도 함께 초대했다.

조기 다섯 마리 굽고, 떡을 하고, 전 부치고, 달걀 삶고, 사과 깎아 제사상을 차렸다. 몇 번이나 하는 행사지만 여전히 서투르다. 창밖에 핀 라일락도 가지마다 환한 밥상을 차리고 기웃거렸다.

할아버지 할머니는 힘이 없어 택시를 타고 오시고, 큰아버지는 위엄 있게 가마를 타고, 아버지는 언제나처럼 어머니를 경운기 뒤에 태우고 덜커덩거리며 몰고 오실 것이다. 그때는 그랬다.

나는 내 삶의 부끄러운 냄새를 숨기기 위해 향불을 피우고 전등불을 모두 밝히고 아파트 문을 활짝 열어 두어 준비를 끝냈다. 그분들은 지금쯤 도랑물을 건너고 계실 터이다. 종갓집 가득 왁자지껄하던 피붙이들은 모두 어디로 갔을까. 맞이하고 절을 올릴 사람은 나와 딸 달랑 둘뿐이다. 무어라고 변명할까? 그날은 그랬다.

그 후….

조금 있으면 아버지 제삿날이 다가온다. 올해는 작년 시제 때, '집안 제사는 모두 생략하고 납골당에서 시제 날 한 번에 제사 겸 묘사를 모두 모아서 지내자'고 합의를 보았다. 나도 찬성했다. 올해부터는 집안 제사를 생략하고 묘사로 대신 하기로 했다.

9) 늙은 경운기가 말한다

나는 대동기계에서 대한민국 기술로는 맨 처음에 제작된 맏형 뻘이다. 이제는 환갑이 지난 지 오래된 늙은 경운기다 이동리 월명마을에 내 주인아저씨가 처음으로 경운기를 몰고 동네에 들어올 때였다. 탕, 탕, 탕 총소리보다 큰 소리로 외치며 자전거보다 빠른 속도로 아직 경리 정리가 안 된 굽은 논둑길을 달려 올 때였다. 새들은 놀라서 날아가고 쥐들도 무서워서 구멍 속으로 파고들고 동네 개도 꼬리를 감추고 집으로 숨었다.

마을 아낙네들은 삽짝 밖으로 고개를 내밀어 구경하고, 남정네들은 눈을 동그랗게 뜨고 팔짱을 끼고 구경했다. 철모르는 아이들만 내 뒤를 뛰어 따라오며 알아들을 수도 없는 고함을 연신 질러 댔다.

주인집 큰아들은 경운기 짐칸에 타고 서서 백마 타고 오는 왕자처럼 얼굴에 웃음꽃을 피우며 유세를 부렸다. 그가 중학교 3학년 때였다.

그런 황금기의 세월이 흐르고 흘러 60여 년이 지났다. 이제는 아무도 살지 않는 빈집 아래채 헛간에서 조용히 쉬고 있다. 오래 전에 주인은 저 먼 세상으로 가시면서 나 혼자만 남겨 두었다. 내 몸에는 주인의 반생이 녹아 스며들어 있다. 주인은 언제나 나와 같이 했다. 나는 나락 타작철이나 보리 타작철이면 타작 기계를 돌려주었다. 로타리 작업을 할 때는, 낮으로는 남의 논에서 돈벌이 작업을 하고 밤으로는 주인의 논에서 작업을 했다.

야간작업은 주인의 큰아들이 주로 했다. 일머리가 어중간할 때는 새벽 두 시까지 일한 날도 몇 번 있었다. 라이트를 켜고 하는 일이라 어둠에는 별문제가 없었다. 대신 그런 날 아침에는 큰아들은 비포장길 6km를 졸면서 학교에 가서 지각을 해서 벌을 받았다. 그는 아무런 변명도 하지 않았다. 그때는 모두가 그랬다. 버스비가 부담스러워 걸어 다녔던 시대였다.

어느 해 봄날, 따스한 바람이 불던 오후였다. 옛 주인의 큰아들이 나를 데리러 왔다. 그는 나보다 나이가 15살 많았다. 70대 중반의 늙은이다. 구레나룻이 흰색으로 풍성했다. 큰아들은 고등학교 시절 학교에서 돌아오면 주인의 단골 파트너 교대자였다. 야간작업은 그와 나의 몫이었다. 농번기 때는 수염을 못 깎고 함양 5일장에 가면 주인의 친구들이 아들을 보고 동생이냐고 물었다. 그러면 주인은 아들을 쳐다보고 빙그레 웃었다.

큰아들은 지금 부산 기장에서 메기매운탕 가게를 크게 운영하고 있다. 그래서 내 도움이 필요한 것이다. 나는 따라가느냐 마느냐를 결정짓지 못하고 망설이고 있는데 내 의견은 무시한 채 다짜고짜 반강제로 트럭 짐칸에 실었다. 황당하고 부아가 났지만 실려 가면서 조용히 생각하니 정들었던 논밭과 고향을 떠나는 것은 서운했지만 나도 나이가 있으니, 고독한 농촌을 졸업하고 도시에서 남은 생을 편하고 즐겁게 산다고 생각하니 기분이 풀리면서 가슴이 두근거리고 설레기까지 했다. 이제 주인이 바뀌었다. 옛 주인

아들이 새 주인이 되었다.

따스한 봄날의 어느 날이었다. 새 주인은 창고에 아무렇게나 옮겨다 놓았던 내 손목을 잡아끌더니 장안사 밑 산비탈 묵정밭에서 로타리 작업을 하란다. 나는 시동을 걸려고 몇 번이나 시도했으나 그동안 오랜 시간 등한시 당했던 서운함에 시동이 걸려 주지 않았다. 새 주인은 지금쯤 팔이 아프고 짜증도 날 것이다. 나는 모른 체 고집을 피웠다.

새 주인은 주름투성이인 내 머리를 어루만져 주면서 미안하다고 했다. 상처투성이로 벌겋게 녹이 슨 몸뚱이를 페인트 약을 사다가 얼룩지고 녹슨 상처를 말끔히 치료해 주고 목욕도 시켜 주고 오일로 마사지 해 준다고 어르고 달래 주었다.

나는 좀 미안해져서 크게 한숨을 한 번 내쉬고는 시동을 걸려 주었다. 그런데 메마르고 딱딱한 가파른 오르막길이 발목을 잡고 놓아주지 않는다. 늙은 나에겐 너무나 힘겨운 걸음걸이였다. 주인은 뒤에서 밀고 나는 앞으로 당기고 우리는 온몸이 땀투성이가 되었다. 내 몸에서 박하 향이 났다. 우리 둘은 한나절이 걸려 작업을 마쳤다. 피곤함이 하늘나라에 계시는 옛 주인에게로 날아갔다. 새 주인이 '고맙다. 내가 약속은 꼭 지킬게' 한다.

늙은 경운기

늙은 농부가 돌아올 수 없는 길로 떠나갔다

애잔한 경운기를 두고 갔다
그동안 커다란 바퀴를 달고
어디 한번 단단한 길을 마음 놓고
달려 본 적 있었던가
늙은 주인이 끄는 자리에는 주름골 생기고
그 골 위에 거둔 농작물로
배불리 먹고 살았는데

주인은 가고 헛간에 녹슬어 있던 경운기
따스한 봄날에 큰아들이 끌고 나왔다
머리를 어루만지며 붉은 녹을 문질러 닦고
배 든든히 먹여 어르고 달래 시동을 건다
옛 주인이 아니라고
망아지처럼 덜덜거리다 주저앉았다
모든 움직이는 것들은 늙으면 절망이 많다

누이 손거울만 한 묵정밭을 한나절 갈았다
사람이나 기계나 노쇠하면 갈 곳이 따로 있다

10) 형님 같은 아버지

'아버지'라는 말은 친숙하고 아늑하며 따스함과 든든한 힘이 들어 있는 말이다. 마치 형님 같은 느낌도 있고, 아버지라는 이미지도 가슴속 깊숙이 자리하고 있어 애달픈 향기를 풍긴다. 아버지는 팔십이 세에 저 먼 세상으로 백조가 되어 날아가셨다. 지금은 밀양 박씨 납골당 아파트에 입주해 계신다.

암의 절정기에는 고통으로 호되게 앓으셨다. 그러면서도 '아파 죽겠다'는 말씀 한마디 하지 않으셨다. "납골당에 소홀해서는 안 된다. 하○이에게도 월명촌 집을 똑같이 나누어 주어라"라는 한 마디만 하셨다. 아마도 내가 장남에 종손이었기 때문이리라.

암이란 무서운 병이다. 부산 고리 원자력 의학원에서도 못 고쳤다. 처음에는 뼈에 암세포가 발병되었다가 폐와 간 여러 장기로 전이가 되어 완치가 어렵다는 판정을 받았다. 함양성심병원으로 옮겨서 입원 치료 중에 운명을 달리하셨다. 내가 영업을 하고 있는 기장군 장안읍 장안로 구십사에 있는 가게의 잔금 날이 되어서 부산에 잠깐 내려간 사이 가족들의 곁을 떠나셨다. 나는 지금도 그때의 일로 가슴앓이를 한다. 가슴이 먹먹하다. 임종을 못 지킨 것은 어떤 말로도 변명이 될 수 없다.

나는 오 년 동안 시제에 참석하지 못했다. 지독한 음주와 흡연으로 부서진 육체와 망가진 정신을 다듬기 위해 숙식 가능한 배낭을 지고 백두대간을 방랑했다. 걸어 다닌 지 3년이 지나니 겨우 앞이 보였다. 이제는 술 담배의 사슬을 끊고 건강한 몸이 되었다.

  2년 동안 헬스장에서 땀 흘리는 농부가 되어 하루 세 시간씩 최선을 다했다. 책도 열심히 읽었다. 나에게 하루 종일 운동하는 시간과 책 보는 시간이 전부였다. 그리고 시詩 공부하려 문예창작반에 갔다. 등단도 하여『삶의 배낭』시집도 한 권 냈다. 올 시제 때는 헬스장에서 만든 상반신 몸을 찍은 사진과 시집을 가지고 가서 아버지께 보여 드리고 그동안 참석하지 못한 것에 대해 용서를 빌 것이다. 그러면 아버지는 언제나 그랬듯이 "그래, 채식이냐. 그동안 너도 고생이 많았다. 앞으로는 최선을 다하거라." 하실 것 같다.

  아버지를 생각하면 초등학교 1학년 겨울날이 생각난다. 눈이 아주 많이 왔던 날이다. 검정 고무신 신은 발이 눈으로 무릎까지 푹푹 빠지던 날이다. 아버지가 논둑길로 마중을 나오셨다. 등에 업혀 집으로 올 때 아버지의 등은 얼마나 넓었던가. 따뜻하고 구수한 땀 냄새가 정말로 향기로웠다. 아버지의 발걸음에 맞추어 내 등에 멘 책 보따리 속의 양철 필통 속 몽당연필이 딸랑딸랑 행진곡을 불러 주었던 행복했던 유년시절 기억이 손에 잡힌다.

  중학교 1학년 때 나는 큰 사고를 당했다. 그때부터 불출이라는 이름이 죽자 살자 따라붙어 다녔다. 공부에는 취미를 잃고 술, 담배, 이성의 위로 속에 눈먼 자의 삶을 살았다. 절름발이가 되어 어정거리고 있는 모습을 지켜본 아버지의 심정은 어떠하셨을까. 학교 가기는 죽어라 싫어하고 나쁜 일은 단골이 되고 하다 보니 돈은 필요하고 거짓말은 항상 뒤를 따라다녔다. 아버지는 뻔한 거짓말에도 속아 넘어가 주셨다. 지금도 생각하기만 해도 죄스럽다. 아! 아버지… 아버지… 아버지….

 나는 아버지의 따뜻하고 속 깊은 자식 사랑의 보살핌을 고맙게 느끼지 못하는 팔불출이의 삶을 살았다. 학교는 다니는 둥 마는 둥 깡패 같은 말썽꾼이 되었다. 고등학교 3학년 여름방학 때 학업을 포기하고 부산으로 도망을 갔다. 명절 때 와보니 내가 공부하던 방 흙벽에 졸업장이 덩그러니 걸려 있었다. 어머니 말씀으로는 아버지께서 공납금을 들고 담임선생님을 만나서 보름 동안 빌었단다. 그때는 깊고 따뜻한 아버지의 보살핌과 눈물겨운 자식 사랑의 의미를 알지 못했다.

11) 내 고향 10월

 덥던 여름도 단봇짐을 싸고 내년에 다시 오겠다며 찰떡같은 약속을 남기고 아쉬움이 남은 듯 슬금슬금 눈치 보며 떠날 준비를 한다. 바람이 시원해지고 햇볕이 온기를 잃어 가면 고추잠자리가 하늘 가득 춤추는 10월이 온다. 내 고향 10월은 이렇게 풍요롭고 아름답고 구수한 냄새가 난다.

내 고향 10월

지금쯤 고향 뒷산 다락논에 벼나락이 누렇게 익었겠다
산등성이 넘어온 바람은 나락의 허리를
살랑살랑 흔들겠지
하늘은 에메랄드빛으로 황홀하고
뒷동산은 단풍으로 불타오르겠다
논두렁 검정콩은 기다림의 짜증으로 깍지가 폭발하고
동산 밤송이 벌어져 자유 찾아 밤톨들 허공을 비행한다
메뚜기 개구리 미꾸라지도 10월 볕 속에서
누렇게 살쪄 간다
노오란 들국화 길섶에 자지러져
나그네 허기진 그리운 고향
발걸음 붙잡는다
공연히 부모 형제자매 동동걸음치게 하고
일머리 뒤엉켜 마음만 바쁘겠다

10월은 마음만 바쁜 게 아니라 몸도 바빠진다. 추수철이 되면 눈코 뜰 새 없이 바쁘다. 밤 일은 물론이고 새벽 2시까지 일한 적도 많다. 내 어릴 적에는 농기구가 발달하기 전이라 모든 일을 온전히 손과 몸으로 해결했다. 지금은 농기계가 발달해서 한 사람이 많은 농지의 농사를 짓는다. 그때는 일의 능률도 안 오르고 힘은 몇 곱으로 더 들었다. 그래도 도시의 산업화가 이루어지기 전이라 도시 사람들보다 농촌 사람들이 밥은 굶지 않고 살았다. 등 따시고 배부른 사람은 농촌에서 힘들게 일하는 사람들이었다. 모든 건 시대가 말하고 변하게 한다. 지금은 AI 인공지능 시대라 농촌에는 젊은이는 없고 늙은이들만 농사일을 하고 있다. 아주 심각한 국가적인 숙제이다. 늙은이들이 모두 죽고 나면 농사일은 누가 할까.

 앞으로 기술이 발달해서 AI가 농사일도 쉽게 해 주는 시대가 올 것이다. 드론이 농약을 살포하고 기계가 사람의 병을 진단하고 치료도 하는 시대이다. 경운기에 인공지능이 추가되면 무인 자동차처럼 무인 경운기가 농사를 대신 해 줄지도 모르겠다.

12) 고향 집 앞을 지나며

 오늘은 2025년 3월 22일이다. 아침 5시 핸드폰의 알람이 시끄러운 울부짖음으로 잠을 깨워 습관처럼 양치질하고 혈압약과 비타민제를 먹는다. 일요일이라 정확히 5시에 오는 조간신문이 휴간이라 월요일 날 고양시 주엽에서 수업할 시 〈축복의 날 3월에〉를 읽어 보고 6시에 매일 가는 APT 내 헬스장으로 출근을 했다. 2시간 30분의 운동을 마치고 아침밥을 먹고 컴퓨터 앞에 앉아 지금 이 글을 쓴다. 감개가 무량하다.

갑자기 생각이 난다. 2019년의 일이니 꼭 6년 전의 일이다. 사연은 깊고 넓은 푸른 대양의 바다 같다. 순서가 갈팡질팡하지만 제목을 〈불효자는 웁니다〉로 정했다. 나는 몇 년 만에 시제를 모시려 고향 마을을 찾았다.

고향집 앞을 지나며

슬라브 시멘트 덩어리 집은
오도카니 앉아 무얼 생각하는지
까치 참새조차 버리고 간
잡풀 우거진 마당
나도 나그네 되어
옛집을 힐끔 쳐다보고
모른 척 지나가려는 데
찌그러진 대문 앞에서
허리 굽은 부모님이
잘 보이지 않는 눈을 부비며
봐라! 너 채식이 아니가

뒷모습이 꼭 내 아들 같은데
아니라요, 나, 채식이 아니라요
채식이는 고향 집이 싫다고

서둘러 떠나왔어요

쓸쓸함과 부끄러움에 눈꺼풀에 맺힌 슬픔을 소매로 쓱 닦았다. '너는 불효자다'라는 말을 엿들었을 때 좌절감과 불쾌감이 불끈 솟아났다. 구차한 변명이지만 해명을 하지 않았다. 그래도 묵살할 수도 없어서 창피함을 무릅쓰고 토해 낸다.

13) 월명집 본가

5년 동안 속죄하는 마음으로 살아남아야겠다는 일념으로 최선을 다했다. 어쩌겠는가. 부모님이 주신 몸과 정신을 등한시한다는 건 죽음뿐인데. 2011년 아버지께서 82세에 저 먼 세상 하늘나라로 허이허이 떠나셨다. 암이란 무서운 병이었다.

병환 중에는 부산으로 모시고 가서 암 전문 병원인 고리 원자력의학원에 입원시켜 드렸다. 그러나 안타깝게도 모든 장기에 전이가 되어 완치가 어렵다는 판정을 받았다. 아버지를 고향 함양 성심병원에 입원시켜 드렸다. 아버지는 내가 하고 있는 가게의 잔금날이 되어서 부산에 내려간 며칠 사이에 운명을 달리하셨다. 불행히도 나는 임종을 지키지 못했다. 지금 생각해 보면 그놈의 가게 계약 때문에 임종을 못 지킨 것은 운명의 장난이 아닌가 하는 생각이 든다. 이유야 어찌 되었든 간에 종손으로서 장남으로서 임종을 못 지킨 것은 죄송하고 부끄러운 일이다. 나의 남은 생 동안 속죄해야 할 업보이다.

어쩔 수 없이 장례가 끝나고 월명촌 집 문제가 이야기되었고, 셋째와 막내가 나누어 가진다고 해서 왜 그렇게 되었나 궁금했으나 아버지 임종을 보지 못한 자식이 미워서 내린 벌인가 보다 생각하고 몇 년을 묵묵히 침묵했다.

그러던 중에 마침 막내가 셋째에게 집을 이천몇백만 원에 팔았다는 소식을 듣고 둘째에게 간곡히 부탁했다. 그 돈을 내가 줄 테니 장남인 내 앞으로 이전을 해 주어라고 말했다. 하지만 허사가 되고 공염불이 되었다. 그 매매 문제는 나도 알아야 되고 또 나도 취득할 권리가 있지 않은가. 큰형인 나만 쏙 빼놓고 저희들끼리 작당 비슷한 행동을 하다니, 하늘나라에 계시는 아버지께서 어떤 생각을 하시겠는가. 들리는 말처럼 내가 불효자면 그네들은 얼마나 효자들인지 궁금하다. 내가 부산 신혼살림 때 그네들을 그 좁은 단칸방에서 데리고 살았다. 그러면서 몇 년 동안에 이사를 열 번은 할 정도로 살 부비고 살았다. 그 시절은 잊었는가.

삼십 년 가까이 외국에서 살던 장남이 모든 외국 생활을 정리하고 고향 함양에서 외국어학원을 열고 월명 집에서 출퇴근하겠다고 한다. 아들은 외대를 졸업하고 외국 생활을 오래 해서 영어와 중국어는 현지인 수준이다. 나는 그동안 가슴앓이를 하며 아들이 국내에서 자리 잡기를 바랐다. 한 집안의 장남 종손으로 태어나서 제사나 시제, 명절 등에 등한시했으니 얼마나 부끄러웠는지 모른다. 하지만 집 문제를 생각하면 앞이 막막했다. 무어라고 변명 할 말이 없었다.

　장남에게 모든 상황을 이야기했다. 장남은 "할아버지께서는 거짓말쟁이시군요. 할아버지가 거짓말쟁이가 아니시라면 삼촌들 농간이 비열하고 추잡합니다. 뭐 제가 종손이라고요? 참 기가 차는 말이네요. 제가 듣기에는 기가 찹니다."

　그러면서 모든 걸 휘저어 놓고 며느리와 대만으로 가 버렸다.

　나는 멍하니 앉아 곰곰이 생각했다. 그 이천몇백만 원 밖에 안 되는 집 하나가, 그렇게 대쪽 같은 삶을 살다 가신 아버지를 손자한테서 거짓말쟁이로 만든 어떤 불효자가 있었고, 할아버지가 거짓말쟁이가 아니라면 어떤 이들은 더럽고 추잡한 비굴한 자가 되겠구나 하고 혼자 생각했다. 돈이 욕심이 났으면 내가 집값 이천몇백만 원을 준다고 했을 때 그 돈으로는 마음에 차지 않으니 돈 천만 원 더 주세요 했다면 줄 수도 있는 돈이었다. 내가 모든 것이 모자란 삶을 살았지만 주방장 40년이면 한 가지는 가지고 있지 않았겠나.

　사람의 욕심이란 한계가 없다. 배가 몹시 부를 때 수저를 놓지 않고 몇 수저 더 먹다간 배가 터져 죽는다. 물론 알고 있다. 내가 없어도, 장남이 신경을 안 써도 납골당은 안녕하셨고 조상님들도 평안하셨다. 하지만 그런 게 아니다. 사람이 살아가는 데는 천륜이라는 게 있다. 더럽다, 추잡하다, 비굴하다라는 이미지를 돈 이 천몇백만 원으로 덮을 수 있겠는가. 천륜의 벽이 얼마나 무겁고 강하다는 걸 모르면 책에서라도 보고 배워야 하지 않을까.

내가 서울에서 밤늦게 고향인 월명촌에 도착해서 아저씨 집이나 여인숙에서 하룻밤을 지새울 때 가슴 속으로 파고드는 공허함과 허탈감, 배신감을 어떤 느낌으로 표현하고 어떤 말로 설명할 수 있을까.

14) 하나를 보면 열을 알 수 있다

묘사 때 다툼이 있었다.
"사진 찍어. 핸드폰으로 사진 찍어."
나는 제수씨 말씀이 마귀할멈 휘파람 소리처럼 지금도 가슴속에서 떠나지 않는다. 형제간의 다툼에 아버지 누워 계시는 납골당에서 사진 찍어라니! 돈에 환장병 든 사람도 아닌 것 같고, 그것도 아니라면 지금까지 살아오면서 언성 한번 높이지 않은 큰시아주버니를 형무소 감방에 쳐 넣자는 것도 아닌 것 같고, 그렇다면 쬐그만 서방님 귀싸대기 얻어터진 꼴이 아닌가. 사진 찍어서 액자

만들어 거실에 걸고 딸내미들에게 '너거 큰아버지란 놈 저런 놈이다' 하고 광고할 일 있는 것도 아닌 것 같고, 그 깊고 높고 숭고하고 웅장한 뜻을 어리숙한 나로서는 해석하기가 애매모호하다.

　옛 말씀에 '하나를 보면 열을 알 수 있다'라는 말이 있다 짧은 순간의 하찮은 몸짓과 표정, 말 한마디가 그네들의 사고방식인지도 모른다. 셋째는 계집애처럼 삐져서 큰형님인 나한테 인사도 안 한다. 사진을 찍어서 어떻게 하겠다는 심보인지 궁금하다. 그런 사람들이 형님이라고 인정사정 보겠나. 혹시라도 젊었다고 까불고 촐싹대면 내 입장이 얼마나 난감할까. 그래서 나는 육체미 선수 사진처럼 몸을 만들었다. 내 자랑 같지만 서울 헬스장에서 청년들도 나만큼 무거운 중량을 소화한 사람을 아직 보지 못했다. 나의 피나는 노력과 농부의 진한 땀방울이 없이는 이룩하지 못할 일이다.

　사람이 산다는 게 특별한 일이 아니다. 나이를 먹으면 숫자만큼 공허하고 허전하다. 평범한 삶 속에서 서로 돕고 이해하고 위로 속에 사랑하며 사는 것이 인생이 아닐까. 공허하고 허전할 때는 근원을 찾아서 헤매지 말고 마음속에서 놓아 버려야 한다.

15) 아버님, 박종운의 생각

　아버님이 그 집에서 사시면서, 또 돌아가시면서 그 집의 용도를 특정인의 사유재산으로 만들려고 생각하셨을까. 지금처럼? 결코 아니라고 생각한다. 누구든지 고향인 월명촌에 오면 하룻밤 유숙하고 형제들이 만나서 이야기하고 하는 만남의 장소로 활용하기를 바랐을 거다. 아버지 살아생전에 모두가 듣는 데서 "이집은 열ㅇ이와 하ㅇ이가 공동으로 관리해라" 하셨다. 어떻게 경계선을 그어라 라는 말씀까지 하셨다. 삼촌들이나 누구나 고향에 볼일이 있어 오시면 남의 집이나 여관에서 자는 일 없이 모여서 마음 편하게 하룻밤 보내고 갈 수 있게 하도록 당부하셨다.

　월명 집을 남자들에게 물려준 것은 타식구가 개입을 못 해 팔아버릴 수 없고 후대까지 보존이 되기를 희망했을 거다. 이게 진정 아버지의 본심일 것이다. 한때는 지금의 현 상황이 너무 비현실적이라 삼백만 원을 주고 변호사를 선임해서 셋째에게 법적 소송을 제기하였다. 그랬다가 내가 참자 하고 돈만 날리고 소송을 취하하고 만 것을 지금은 후회한다. 지금도 내 마음은 자꾸 법적 대응을 하라고 시킨다. 그래서 생각 중이다.

　며느리가 대만 사람이라 월명촌 집에 왔을 때, 집에 대한 이야기와 할아버지의 인품을 자랑하고 '박종운'이라고 쓴 문패를 기념으로 대만으로 가져갔다고 한다. 그런 며느리가 상상했던 꿈들이 산산이 부서져 버렸을 때의 마음을 어떻게 위로하고 변명하면 좋을지 어지럽다.

"생존해 계시는 두 분 아저씨 형제분들께 딱 한 말씀만 부탁드립니다.

　저의 장남은 존경하는 할아버지의 말씀을 몇 번이나 몇 사람 앞에서 들어서 많은 날 오랜 기간 동안 가슴속 깊이 고이 간직하고 있었나 봅니다. 순수한 마음으로 말입니다. 나도 이제 칠십 하고도 반십 년이 넘은 나이가 되었습니다. 장남에게 어떠한 정당한 사유의 설명을 해 주어야 하지 않겠습니까. 내가 이 문제를 법적으로 처리하기 전에 아버지의 처분을 증명할 수 있는 자료를 제시하는 것이 마땅하다고 생각합니다.

　아버지께서는 성심병원에서 암 말기 치료 중에 통증이 어마어마했을 때에도 그 흔한 "아파 죽겠다"라는 말씀 한마디 제 앞에서 하지 않았습니다. 제가 들은 말씀은 "납골당에 소홀해서는 안 된다. 하○이에게도 집을 똑같이 나누어 주어라." 딱 이 말씀뿐이었습니다."

　아버님이 평생을 가꾸셨던 월명 집에 대한 유언이셨습니다.

16) 꿈속에서도 뼈저린 나의 아버지

지금도 그때의 모습이 또렷이 생각난다
알곡으로 성숙해 부끄러워 고개 숙인 나락들
바람에 출렁이는 황금빛 들판에
고추잠자리 떼 지어 춤추고
살찐 메뚜기 개구리 폴짝거리는
고향 들판 풍경이 아릿한 향수로 피어난다

아직도 또렷이 생각나고 생생하다
학교에서 돌아와 보리밥 한 그릇 맛있게 먹고
집 앞에 펼쳐진 논에 아버지 하시던
경운기 로타리 작업 단골 파트너 교대자 되면
빙긋이 웃으며 경운기 운전대 넘겨주던 장군 같던 모습 보면
아무리 험난한 삶의 강도 가뿐히 건널 수 있었지

하나도 틀리지 않고 말해 줄 수 있다
앞마당 감나무에 맛나 보이는 빨간 홍시를
까치 한 놈이 쪼아 먹고 한 놈은 힐끔힐끔 망을 보고
마루에 앉아 홍시가 아까워 엉덩이만 들썩거리며
암 투병에 누운 아버지 잠 깨실까 봐 어쩌지 못하고

안절부절못하던 내 꼬락서니 말할 수 있다

초가집 흙벽 방에 아버지 머리 싸매고 누워 계시고
암이란 놈이 몸 여기저기 엉겨 붙어 살이란 살은
다 파먹어 뼈만 앙상히 남은 몸피
피란 피는 모두 빨아 먹어
핏기 한 자락 없는 병색 짙은 얼굴
어떻게 도울 수도 손 쓸 수도 없는 애타는 절박함
아무리 몸부림쳐도 이것만은
생각하기가 싫다, 이야기하기도 싫다
나지막한 오막살이 집 안방 아랫목에 누워
암이란 못된 놈하고 생과 사를 놓고 다투는 모습
그렇게 꼿꼿한 삶을 열심히 살아왔는데
암이란 놈에게 멱살을 잡혀 고개 숙인 처연한 모습
비겁하지 않고 욕심부리지 않고 따뜻한 가슴으로
야간작업도 마다하지 않고 당당히 걸어온 인생길
생각하려면
이야기하려면
눈앞이 먼저 흐려지고
말로 하려면 목이 메는
꿈속에서도 뼈저린 나의 아버지

나는 아버지와 21살 나이 차이가 난다. 어떻게 보면 아버지보다는 형님의 향수가 더욱 진하다. 내가 아버지에게 심리적인 부담을 많이 안겨 드렸지만, 그나마 농번기 때는 아버지의 단골 파트너 교대자였다. 함양 오일장에 갈 때, 내가 내 구레나룻을 미처 깎지 못하고 경운기를 몰고 아버지와 시장에 가면, 아버지 친구분들이 나를 보고 동생이냐고 묻곤 했다. 그러면 아버지는 빙긋이 웃으며 나를 쳐다보셨다.

아버지는 한 입으로 두 말씀 하지 않으셨다. 또 불의에 굴복해서 타협하지도 않았다. 더럽고 추잡하고 비굴한 돈에 눈독 들이지도 않았다. 오랫동안 깊이 생각하시고, 자랑 삼아 손자에게까지 말씀하신 '집' 문제를 하루 이틀 사이에 바꾸실 분이 아니다. 증빙 서류도 없이 이렇게 엄청난 후유증이 있을 거라는 것을 한 번쯤이라도 생각해 보지 않으셨을 분이 아니다. 암으로 돌아가셨어도 정신은 청산과 같이 맑았다.

나도 처음에는 아버지 제사를 모시러 셋째 집에 갔다. 그런데 그 싸늘한 분위기, 만약에 지옥이 그 지경이라면 지옥 갈 놈 한 놈도 없을 것이다. 셋째는 아버지 살아생전에도 큰형님인 나에게 인사도 안 했다. 나는 명절 때이고 아버지 면전이라 참았다. 소위 해병대의 깡다구와 수색대의 오기를 참아내느라 몸서리를 쳤다. 기가 막혀도 참았다. 어떻게 그런 집에 제사를 지내러 가겠는가.

지금은 할아버지, 할머니, 큰아버지, 아버지, 어머니 제사를 한 날한시에 내가 모신다. 예법에 어긋난 줄 알지만 도리가 없다. 지난번 묘사 때 집안 제사를 없애고 묘사에 같이 지내자고 합의를 보았을 때 나는 속으로 무척이나 반겼다. 사진을 자세히 보면 제상에 올린 조기가 다섯 마리이다. 다른 제물들도 사진으로 증명해 보이고 싶다. 부산에서 할아버지 내외분 제사 때는 언제나 나 혼자고 아무도 참석하는 이들이 없었다. 그 나물에 그 밥이다 하면 표현이 좀 이상할까.

17) 납골당 가는 길

살날이 산마루만큼 남은 사내가
납골당 아파트에 계시는
깊은 주름들 찾아서
시제 지내러 간다
술 담배 끊는다고 핑계 대며
다섯 해나 그림자 감추더니
소주 한 병 들고 간다
바람은 얼굴을 스치는데
아버지가 납골당 창문에서 반기신다
"채식이냐, 어서 오너라"

나는 어린아이 채식이가 되어
산비탈 길 뛰어 올라가
품에 안겼다
살아생전 가슴에
대못 박던 아들이 밉지도 않은지
웃으시는 모습이 봄날이다
돌아오는 길에도 내 등을 잡아당겨
자꾸 뒤돌아본다

두 분 아저씨, 죄송합니다. 앞으로 저에게 주어진 길 열심히 걷겠습니다. 형제분들, 그동안 미안합니다.

한 해를 보내며 채식이 드림

18) 낙엽

아직도 구정 설 연휴가 끝나지 않은 2월 2일이다. 내일은 월요일이라 고양시 주엽동에 있는 시 창작학교로 수업하러 간다. 내가 사는 화곡동에서 오후 1시에 출발하면 2시 30분에 공부가 시작된다. 주엽동 그랜드백화점에는 시계매장이 하나 있다. 그곳에 나는 샤넬 고급 시계 수리를 30만 원 주고 맡겼다. 그 백화점에는 월요일마다 아르바이트를 하는 50대 초반의 미술을 전공한 여성이 있다. 나는 그동안 헬스장에서 다져진 내 상반신 육체미 사진 첫 그림을 같이 글공부하는 화가 문우에게 부탁했는데 완성 작품이 눈이 맑게 보이지 않아서, 다시 이 여성에게 보강 작업을 맡겼다.

잘 부탁한다는 의미로 시 공부 하는 월요일 날이면 작은 선물도 하고 커피도 한 병씩 사 가지고 갔다. 한 번은 볼일이 있어 만나러 갔는데 점심시간이라 자리에 없어서, 옆에 있는 정원에서 최태랑 시집 『도시로 간 낙타』를 읽다가 시계매장에 갔다. 그때 진열장 유리에 내 어깨에 얹혀 온 낙엽 한 장이 슬그머니 떨어졌다. 갑자기 시상이 떠올라 〈낙엽〉이라는 시를 한 편 지어 드리며 내 시집 『삶의 배낭』도 같이 드렸다.

이 단풍잎 좀 잘 치료해 주세요

주엽 그랜드백화점에
세월에 지쳐 쓰러진 시계 찾으러 왔다
시계점 미모의 주인 여성
점심식사 중 팻말 걸었다

정원 나무 아래 앉아서
'도시로 간 낙타' 시집 읽는데

따스한 햇볕 사이로
바람이 낙타를 데리고 다닌다

시계 진열장 유리 위에
낙엽 한 장이 슬그머니 떨어진다
공원에서 내 어깨 위에 몰래
업혀 왔나 보다

곱게 물들지 못하고
벌레 먹어 초라한 단풍잎
나무의 한 일생이 따라왔다

밟히고 멍든 삶이 얼마나 아팠으면
나 몰래 등에 업혀 치료받으러 왔을까
내 고장 난 시계처럼

연약한 인연의 끈이 애처로워
'이 단풍잎 좀 잘 치료해 주셔요'
치료비로 시집 '삶의 배낭' 한 권 드렸다

내일이 월요일이니 시 교실에 가면서 화가 선생님 커피나 한 병 사 들고 만나러 가 봐야겠다. 구정도 지났고 내 그림도 궁금하고 또 보고 싶기도 하다. 지금 TV에서는 아프리카 '우간다' 나라의 비참한 생활 모습을 방송하고 있다. 국민의 30%가 참혹한 생활 여건에서 배를 곯으며 사는 모습을 보여 준다. 너무 비참해서 눈시울이 뜨거워진다. 우리나라도 세계 10위권 안에 드는 경제 대국이지만 비참하게 사는 사람이 없는 것은 아니다. 여러 가지의 이유가 존재하겠지만 옛날이나 지금이나 사람 사는 곳은 어쩔 수가 없는 모양이다.

나도 중학교 1학년 여름방학 때 큰 사고로 학창시절과 청춘시절을 엉망진창으로 만들어 놓지 않았던가. 진짜로 운 좋게 아내를 잘 만나서 이만큼이라도 살고 있다. 우리 집 가까이 살고 있던 처제가 한 말이 기억난다. "형부와 언니는 성격이 잘 안 맞는지 평상시는 찌거득 찌거득 하다가도 돈 버는 일이라면 일심동체가 되어 죽을 둥 살 둥 모르고 덤빈다"라고 했다. 사실 바로 본 것이다. 내 삶에서 결혼 전에는 모든 게 실패작이었다. 결혼 후에는 오로지 나에게 길은 하나뿐이지 않던가. 운명이랄까. 숙명이랄까. 지금도 항상 아내에게 미안하고 부끄럽다.

19) 나는 사과가 쉽다

나는 배움이 부족하여 남들이 기피하는 요식업계 주방장이란 직업전선에서 모든 수난과 고달픔을 참고 살았다. '음식점 사장 똥은 개도 안 먹는다'라는 편견 속에서 40년을 살았다. 모든 걸 낮추어야만 했다. 고개도 숙여야만 했다. 지금도 이런 게 삶의 습관이 되어 상대방이야 어떻게 하든 간에 먼저 고개를 깊이 숙인다. 모임에 가면 항상 커피는 내 담당이고 뒷설거지도 내가 담당한다. 나는 그런 일들이 재미있고 보람도 느낀다. 그렇다고 내가 불출이어서가 아니다. 나도 한때는 주먹세계에서 놀았고 해병대 수색대 출신이다.

헬스장에서 있었던 이야기다. 우리 APT 단지 헬스장에는 CCTV가 2대 설치되어 있다. 나는 매일 아침 헬스장이 6시에 문을 열자마자 출근도장을 찍는다. 거의 첫 입장이거나 두 번째 입장이다. 보통 나는 8시까지 2시간은 기본으로 운동을 하고 시詩 교실에 가지 않는 수, 토, 일요일에는 조금 더 한다.

나는 근력운동을 중심으로 하기 때문에 다루는 기구가 많아서 한 기구를 30분 넘게 사용하지 않는다. 다른 사람들은 런닝머신을 중점적으로 해서 1시간을 소요하는 사람도 많다.

어느 날 일이다. 30대 정도 된 젊은 남성이 와서 "아저씨, 노랫소리가 들리고 기구도 너무 오래 사용하는 것 아닙니까?" 한다. 그래서 나의 습관상 우선 "미안합니다."라고 사과를 하고 "지금 내가 행사 하나를 앞두고 있어 노래 가사를 외우는 중입니다. 또 기구는 30분 정도 사용하는데 이것은 누구나 통용되는 시간이 아닙니까"라고 말했다.

며칠 뒤 내가 배우는 시 낭송 교실에서 하는 창작연극 행사가 끝났다. 그런데 어느 날 아침 운동을 하고 있는데 경비원이 와서 "아저씨가 노래를 하고 기구를 오래 사용한다고 신고가 들어 왔어요" 한다. 나는 경비원에게 사실대로 이야기하면서 정히 내 말에 신빙성이 없다면 CCTV를 돌려 보라고 했다. 운동을 하다가 가만히 생각하니 괘씸한 생각이 들었다. 나는 다음 날 아침에 청년에게 내 첫 시집 『삶의 배낭』을 한 권 주면서 "경비실에다 신고를 했다면서요? 그건 말짱 도루묵이지요. 신고를 하려면 관리실에다 해야지." 하며 다른 건 줄 것도 없고 시집이나 한 권 받고 이해하소 하고 충고를 주었다.

나는 그 뒤로 운동을 하면서 그 청년을 눈여겨 관찰하기 시작했다. 나는 역기를 90kg 드는데 청년은 60kg을 들고 빌빌거린다. 모든 것이 나보다 15kg 정도가 미달이다. 청년은 내가 운동하고 있는 쪽으로 접근을 하지 않고 내가 가면 부끄럼을 타며 나를 피한다. 모든 중량이 나보다 15~20kg 부족하니 창피한 모양이다.

그때 나는 알게 되었다. 처음에는 괘씸한 생각도 들었지만 지금은 애처로운 마음이 든다. 30대 중반이 70대 중반의 늙은이에게 많이 부족하니 얼마나 창피했을까. 짧은 순간이었지만 거북한 감정을 가졌던 내가 오히려 더 부끄러워졌다. 지금 생각해 보니 시집 한 권을 준 것도 사과의 뜻에서 준 것보다는 '나는 이런 사람이다'와 청년이 보는 데서 무리하게 무거운 중량을 든 것도 과시용이었다는 것이 미안해졌다. 나잇값을 하지 못하고 생색내기에 몰두했다니 내 자신이 부끄러웠다.

  며칠을 지새우며 생각한 끝에 내 나름대로의 해답이 나왔다. 당시 나는 내 자아에 상처를 받았다. 자아란 자기를 감싸고 있는 담벼락이 아닐까. 갑질이란. 타인이 내 담벼락에 낙서를 하는 것이다. 사과란 내 담벼락의 낙서를 지우는 것이다. 나는 한 번 더 사과하는 일에 힘쓰기로 마음먹었다. 그 뒤로 부당한 일을 당해도 먼저 사과하려고 노력하게 되었다. 사과는 인간관계가 서툰 나에게 좋은 처세술이다.

보석 같은 말

나라의 대표가
미안하다라는 바벨을 들고
용을 써도 꿈쩍 않고

시인이 시 쓰며 걷다가
미안하다는 돌부리 단어에
걸려 넘어져 부끄러워한다

나도 혼자 있을 땐 미안하다는 말
입속에 들랑거리는 밥숟갈 같았는데
그 사람 앞에만 서면

자존심이 붙들고 놓아주지 않는 말

입에서 튀어나와
상대편 귓속으로 들어갈 수 있다면
보석으로 변하는 말

20) 노인이 젊어지고 있다

　노인이라고 불리우는 나이는 65세부터이다. 지금 노인세대는 신체가 건강하고 경제력도 뒷받침되어 활동이 왕성하니 노인이라고 말하기에 쑥스럽고 노인 대접하기에도 민망하다.
　주민등록상 인구 중에 65세 이상이 20%를 넘었다 한다. 다섯 사람 중에 한 사람이 노인이라는 것이다. 이런 상태로 가면 25년 후에는 전체 인구의 40%가 노인이 될 확률이 크다.
　노인 스스로도 자신이 노인이라고 생각하는 연령도 높아졌다. 스스로도 노인이라고 생각하는 나이는 71살이 조금 넘어야 노인이라고 인정한다. 내 경우에도 상반신 사진을 보면 시니어모델 대회에 나가도 될 정도로 가꾸어져 있다. 나의 루틴은 아침 6시에 APT 단지 내 헬스장에 가서 하루 2시간 이상 운동하는 것으로 시작한다. 내가 운동을 하고 30분 정도 지나면 20, 30대들이 와서 반 시간 넘게 운동하고 출근을 한다. 내가 누워서 90kg짜리 역기를 들면 모두가 보고 놀란다. 헬스장 안에서는 나만큼 드는 사람이 없다. 역기뿐만 아니라 다른 운동기구도 내가 월등하다. 사실 머리칼과 구레나룻만 흰색이지 누가 나보고 칠십 대 중반이 된 노인이라고 단정 지을 수 있겠는가.

나는 운동 예찬론자이다. 노인들에게 필히 운동을 하여 근육을 키우라고 당부하고 싶다. 한번 빠진 근육은 원상 복귀에 엄청난 노력이 필요하다. 그래서 관리를 잘 해야 한다. 헬스장에 가서 하루 1시간 정도만 투자하자. 운동기구 중 런닝머신은 일상생활에서 걷거나 서 있는 것으로 대체해도 되고, 근력운동 중심으로 하는 걸 권한다. 먼저 허리 굽혀펴기 기구를 1순위로 고르자. 이 기구에 본인 능력에 맞추어 숨이 가빠서 차오를 정도의 강도로 3회를 한다. 다음에 하체 운동기구로 3가지가 있는데 각 기구에 3회씩 숨이 찰 정도의 중량으로 운동한다. 다음으로 팔 운동인데 아령을 비롯하여 기구가 많다. 이 기구에도 3회씩 투자한다. 너무 힘들고 시간도 부족하면 반으로 나누어 2일에 한 번씩 나누어서 해도 된다.

단백질의 중요성도 새겨들으면 좋다. 단백질은 노인들에게 근육형성과 면역력 강화에 많은 도움이 된다. 보통 사람들은 단백질 하면 콩 종류 같은 식물성을 좋아하고 고기 종류에서는 지방질 때문에 겁을 낸다. 나는 내 경험으로 인증된 돼지 뒷다리살을 권한다. 돼지 뒷다리살은 저렴하고 지방질이 없다. 요리 방법은 돼지

고기를 7.8mm 정도 두께로 썰어서 비닐봉지에 한 덩이씩 나누어 담아 냉동실에 넣어 둔다. 먹을 때는 하나씩 꺼내어 전자레인지에 돌리면 고기의 수분과 핏물, 지방질이 모두 빠진다. 이때 고기를 살짝 씻어서 먹어도 좋다. 이 레시피는 저렴하고 지방질도 없고 불순물도 제거되고 그릇 씻을 것도 적어서 1석 4조이다. 나는 나의 건강을 위해서 운동과 단백질 섭취로 여태껏 뱃살이 안 나오는 적정량의 몸매를 유지하고 있다.

21) 우울증은 죄가 없다

약상자를 보면 아직도 가슴이 두근거린다. 예전에 공휴일인지도 모르고 약을 준비 못 해서 밤잠을 설친 기억이 너무나 뚜렷해서이다. 나는 5년 넘게 우울증과 알코올성 치매, 인지기능장애 약을 복용하고 있다. 정신건강의학과에 가면 한 달 치 약만 처방해 주고 그 이상은 어림도 없다. 약은 수면유도제 성분이 강한 약이라 만약의 경우 생명과 연관이 있어서 위험하기 때문이다.

나는 주방장 생활을 40년 정도 했다. 직업 특성상 술과의 거리가 너무 가까워 친할 수밖에 없었고 남들이 노는 휴일 날이 더 바쁘기에 친구나 지인들과는 자연히 담을 쌓고 살게 되었다. 그때 술이 이때다 하고 친구 하자며 못살게 괴롭혔다. 지금도 약을 복용은 하지만 문학 강좌에 참석을 하고 사회활동을 열심히 하다 보니 인간관계도 좋아졌다. 하지만 내가 먹는 약은 중독성이 강해서 복용하지 않으면 숙면을 취할 수 없다. 그게 문제이다.

"누군들 아프고 싶어서 아프겠나."

〈정신병동에도 아침이 와요〉라는 드라마 대사이다. 일상을 견디다가 마음에 생채기가 난 사람이라면 한 번쯤은 봤으면 하는 작품이다. 주인공 박보영은 정신병동 간호사로 일하다가 가까이 지내던 환자의 죽음을 목격하고 우울증을 겪는다. 그러다가 침대에서 일어나지도 못하고 나중엔 최근 일들을 기억하지 못하는 증상까지 보인다. 박보영은 그럼에도 자신이 우울증이란 사실이 알려지면 사회생활이 어려워질까 두려워서 병원에 가지 않으려 한다. 이런 박보영에게 선배 간호사가 말한다. "아픈 건 네 잘못도, 죄도 아니다."라고.

우리나라 우울증 환자 수는 100만 명이 넘은 지 오래다. 전문가들은 실제 수는 이보다 훨씬 많다고 본다. 열 명 중 한 명이 우울증 환자라고 했다. 나도 이 통계에 들어간다. 그러나 이런 통계에 안심이 된다. 많은 다수 중에 속했기 때문이다.

"당신은 비를 맞고 있을 뿐이에요. 같이 맞아 줄게요."

힘겨워하는 박보영에게 동료 의사가 위로해 준 이 말 한마디의 힘은 엄청나다. 우울증을 앓는 사람에게 같이 비를 맞는 것뿐이 아니라 같이 우산을 써주면 정말 아름다운 사회가 될 것이다.

우리는 모두 꽃이다

삼월이 내일 모랜데 롱패딩 입고
시 낭송 봉사하러 간다
강서구 화곡동 마리스데이케어센터에 가면
내 발걸음은 포목점의 자처럼 바쁘다
꿍짝거리는 음악 속에서
시 낭송은 대충 하고 노래는 신났다
흰 머리칼에 주름골 진 입들도
병아리 떼처럼 입을 모아 이별의 부산 정거장을 부른다
발음이 어눌하고 엇박자다
마술 손가락으로 기타 튕기는 이 대표와 멤버들
봄꽃을 피우며 시 낭송 하는 이 선생과 시 낭송가들
덩달아 신이 난 정 센터장과 직원들
행복한 얼굴 제각각 색깔로 위문받는 노치원생들
모두가 구름을 탄 듯 둥실거린다
각자 인생 노트에 마지막 한 줄을 남긴 노년들
도레미파 음계를 삐뚤빼뚤 힘겹게 타고 넘는다

제아무리 몸은 늙어도 인생은 견딜 만한 것이다
굳세어라 금순아가 있어서
인생은 살아 볼 만한 것이다

사랑의 노래가 모든 아픔을 덮어 주기 때문에
어르신들의 노래가 봄바람에 파도를 탄다
기타가 마술을 부리며 쿵짝거리고
자원봉사 하는 우리가 위문받는 어르신들 보다 신났다
모두가 함박꽃으로 활짝 피어오른다
우리는 모두가 꽃이다

22) 떠나간 치아에게

칠십오 년을 함께해 준 그대여
내 태어나고 한두 해 늦게 태어났으니
동생이라 불러도 좋으리

바쁘다는 핑계로 돌보지 못하고
등한시했으니 부끄럽고 미안하네

술 담배
가난까지 짓씹으며 혹사시켰으니
삐질 만도 하련만

아픔과 고독 분노와 증오까지
곱씹어 삼켜준 보상을 어쩌면 좋겠소

이제는 무정한 심정에
늙음까지 찾아와 나보다 먼저 가려는가
이별은 슬픔뿐 붙잡지 못하는 난 더 괴롭다네

사백만 원이 그대를 배웅하고
빈자리에는 허전함만 덩그러니 남았다네

23) 축복의 날 3월에

예식장 가는 길이다. 희끄무레한 날씨가 이리 가자. 저리 가자 다투는 정치판 같다. 어쭙잖은 기분으로 옮기는 발걸음을 부산 촌 놈 같다는 놀림에 서툰 길 찾기가 더 갈팡질팡해 묻고 또 묻고 헤매었다. 명령에 순종하는 졸렬하게 흐린 잿빛 같은 하늘이다. 비라도 한바탕 쏟아졌으면···.

작은 글 한 단어가 도착해서 보니 문장인 스승 글이 나의 손을 잡고 반가워해 주신다. 수많은 축하객들의 따뜻한 미소 속에 포근히 안겨 들었다. 천장에 매달린 축복, 희망, 희열, 행복, 미소 부푼 꿈들이 찬란히 빛나고 아름다운 꽃송이들이 스산한 근심 걱정과 불안을 허공으로 날려 버린다.

화면이 돌아간다. 나는 깜짝 놀랐다. 신랑 신부의 검정 경찰복 정장에 황금빛으로 번쩍이는 견장들이 혼례복을 대체해 버렸다. 신랑의 딱 바라진 어깨가 듬직하다. 저렇게 몸을 가꾸려면 얼마나 많은 땀방울을 흘렸을까. 그 길을 걸어 본 사람은 잘 안다. 힘든 고난의 길이란 걸. 오늘을 위해 잘 차려입은 예복과 눈부신 드레스보다 나는 왜 경찰복이 돋보일까. 식장을 가득 메운 축하객들이 박수를 쳤다.

경찰의 본연의 자세가 무엇인가. 잘못을 지적하고 교정하는 것이라 믿는다. 국민을 기만하고 으스대는 정치인들을 꾸짖고 벌을 주고 모조리 잡아다 뒤집어쓰고 있는 위선의 껍질을 홀라당 벗겨 줄 것을 나는 믿는다.

보라! 저 경찰관 신랑의 딱 벌어진 어깨와 경찰관 신부의 믿음직한 미소를! 무엇을 망설이고 두려워하겠는가. 혼자의 힘은 약할 수 있다. 둘의 힘, 특히 부부의 힘은 강하다. 태산인들 못 옮기겠는가. 지금 썩어 허물어져 내리는 한 시댄들 못 바쳐 올리겠는가.

박수를 친다. 그리고 믿는다. 움츠리고 애만 태우고 살던 어질고 순한 국민들이 일제히 허리를 펴고 3월의 뜨거운 만세를 한 번 더 외치지 않겠는가. 을사년 3월에 우리 모두 을사을사 힘내자.

기분이 좋다. 나는 오늘 많은 글동무들을 만나서 글에 대한 이야기를 했고 강사 선생님이 아들과 며느리에게 축복하는 시를 듣고 위대한 글의 힘을 가슴 뭉클하게 느꼈다. 제자인 내 어깨마저 쭉 펴졌다.

을사년 뱀의 해는 다산의 의미와 재물의 축복이 있다. 뱀이 허물을 벗듯 잘못된 것, 무례한 것, 부끄러운 것들을 모두 벗어 버리고 새 옷으로 갈아입고 신랑 신부를 따라 우리 모두 희망의 첫걸음을 내딛자. 하늘도 축복의 비를 내려 내 부끄러운 오만과 위선을 머리부터 깨끗이 씻어 준다. 시원하다.

24) 박 주방장 바다를 만났다

박 주방장이 바다를 만났다. 5년 전이었다. 2019년 3월 22일 새벽 5시에 망가진 정신과 육체를 '삶의 배낭'에 담아 굽은 등에 짊어지고, 인생 고행길을 흰 머리칼 날리며 새벽길을 나섰다. 인생이란 뭐! 별거 아니다. 고독하고 힘든 길을 혼자서 터벅거리며 걸어가는 것이 인생 아니겠는가. 말은 이렇게 해도 여전히 잘 모르겠다.

고향이 있고 국민학교 중학교 고등학교 사회생활을 50년을 했는데도 내 옆에는 아무도 없다. 심지어는 아내조차도 서로가 먼 거리에서 바라만 보면서 입술 한번 오물거리지 않고 살고 있다.

이런 것도 인생이라고 말할 수 있는 건가. 이 모든 것이 나만의 잘못일까. 참으로 부끄럽고 한심한 삶이다.

요즈음은 시詩 배우는 문학교실에 일주일에 네 번을 나간다. 나는 무한한 행복을 느낀다. 가능한 한 주머니 사정이 빈약하지만 조금이라도 더 쓰려고 노력하고 먼저 웃고 베풀려고 노력한다. 지금의 나로서는 최선의 방법이다. 행복하다.

다른 사람들은 학창시절부터 쭉 함께 해온 동창이나 친구들이 몇 명씩이나 있을까? 몹시 궁금하다. 시간의 흐름에 따라 삶은 변한다. 학창시절에는 누구나 똑같은 교복에 동등한 조건 속에서 공부하지만, 직업과 결혼 환경 등의 변화로 저마다 전혀 다른 길의 삶을 살아간다. 각자의 관심사와 가치관 취향 등으로 인생관도 다르고 생각의 차이가 날 수밖에 없다. 물론 서로 다름을 인정하고 각자의 취향을 존중하는 관계가 이어진다면 유지될 수 있지만 노력해도 존중이 어렵거나 대화가 불가능할 정도로 극명하게 대립한다면 자연스럽게 멀어질 수밖에 없는 것이 당연한 이치일 것이다.

아주 드문드문 연락하는 사이라 하더라도 큰 위화감 없이 '어제 본 것 같은' 그런 느낌이 드는 관계라면, 좋은 관계이다. 하지만 나만 진심인 관계는, 놓아주거나 거리를 두거나 정리하는 것도 좋을 것 같다는 생각이 든다. 이제는 무엇이든 정리할 나이가 되기도 했다. 나이 칠십 중반이면 무엇이든 내려놓아야 할 때가 아닌가. 멀어진 친구들도 좋은 추억을 간직한 채 쿨하게 보내 주는 것

또한 하나의 용기일지도 모른다. 아무 이해관계도 따지지 않고 허물없이 소통할 수 있는 친구 한 둘이면 족하는데 이마저도 나는 한 사람도 없으니 아직은 종착역이 조금 남았으니 임기응변식으로 버티어 보는 방법밖에는 없다.

25) 외로움이 외로움들을 위로한다

　몸서리치게 무덥던 8월의 마지막 날, 외로움이 외로움들을 위문하러 간다. 유난히 무덥고 긴 여름이 떠나간다는 서운함에 미쳐 날뛰며 몸부림치는 날이다.
　즐거움으로 예쁘게 화장한 아름다운 꽃들이 무더위도 아랑곳 않고 꽃망울 터뜨렸다. 봉숭아, 해바라기, 진달래, 모란, 라일락, 찔레꽃, 달맞이꽃, 민들레, 장미, 코스모스, 꽃 중의 꽃 여왕 꽃들이 계절의 관례를 깨뜨리고 큰 잔치를 열었다.
　아름다운 한복을 입은 나비들과 달콤한 맛을 주는 꿀벌들, 알록달록 갑옷을 입은 무당벌레, 지구의 지배자 개미 군단 등 수백의 관중들이 모여 박수 치고 춤추고 노래하고 팔짝팔짝 뛰며 좋아 죽겠다고 난리가 났다. 시대의 명품 핸드폰도 이때다 하고 컷 컷 하고 인정사정없이 사진을 찍어 댄다.

강서 시낭송반의 꽃들이 반짝이는 모습을 보았나, 보았어! 아름다운 울림으로 솟아오르는 목소리를 들었나, 들었어! 우리들은 그냥 계절의 순리에 따라 피고 지는 꽃이었다. 시대가, 그대들이, 우리의 이름을 불러 주었기에 우리는 그대들에게로 가서 꽃이 되었다.
   내 생애에 오늘처럼 아름답고 가슴 뿌듯한 마음은 처음이다. 우리는 앞으로도 오늘처럼 아니 오늘보다 더 아름답게 피어날 꽃들이다.
   많은 관중들이 열정의 박수를 보냈다. 나는 주인공의 역할을 잘 소화했다고 칭찬 세례를 받았다 어쩌면 지금 내 나이 칠십 중반에 위문을 받을 나이에 남에게 위문을 주었다는 느낌이 이렇게 가슴 뿌듯할 줄 몰랐다. 앞으로도 기회가 주어지면 심혈을 기울일 것이다. 올가을에도 공연을 할 계획이라고 시낭송 선생님이 말했다. 이 글도 위문공연을 하고 나서 가슴이 북받쳐 올라 지은 글이다.

26) 복수초의 봄

   오늘은 3월5일 경첩이다. 만물이 잠에서 깨어나 소생하고, 개구리도 벌떡 일어나 하품을 하며 대문을 열고 골목길로 나들이 나온다는 날이다. 그런데 겨울이 술이 취해 비틀거리며 걷지를 못해

가지 않으니 봄이 애가 달아 죽을 지경이다.

올해는 꽃 없는 꽃축제로 전국이 비상이다. 축제 주최자도 관광객들도 빈 가지에 매달린 꽃봉오리 보고 한숨을 내쉰다.

복수초

삼월이 내일 모렌데
롱패딩 입고 비틀거리는
술 취한 겨울 사내
발걸음 옮기기도 위태롭다

애달픈 봄 여인이
얼음 가슴을 열어
비명 지르며
힘겹게 피워 올린 복수초

복과 장수를 비는
아름다운 노란 꽃
얼음 속에 핀 꽃

겨울에게 소박맞아도
고난을 이겨 내어

마침내 이루고 마는

노란 결의의 꽃

선생님이나 글동무들이 복을 의미하고 장수를 뜻하는 노랗고 예쁜 꽃을, 또 많은 인내로 참고 참으며 얼음을 뚫고 피어나는 복수초의 깊은 뜻을 훼손했다고 하신다. 맞는 말이다. 하지만 내 나름대로의 작은 한이 품어져 있기에 적어 본 시詩라고 말하면 모순덩어리일까.

27) 일상의 냄새를 숨기는 건 쉽지 않다

나는 가끔 '몸에서 냄새가 나요' 하는 자존심 상하는 말을 듣는다. 그럴 때면 얼굴을 붉히면서 생각을 해 본다. 일단은 이상하다. 매일 헬스장에 가니까 당연히 땀을 흘린다. 헬스장에는 샤워 시설이 있어 샤워를 매일 한다. 이용료에 물값이 포함되어 물은 공짜다. 일주일에 6일은 기본이다. 나는 지각이나 결석을 해 본 날이 없다. 나의 운동 습관은 기구를 다루는 순서와 중량과 횟수까지 기차가 레일 위를 가는 것과 같다. 마음속에 정해진 관례를 어기지 않고 잘 지킨다.

나는 체취보다는 삶취가 심하다는 것을 잘 알고 있다. 내 옆에는 들국화 향기를 품고 사는 아내가 있었다. 은은한 향기는 봄 여름 가을 겨울 언제나 풍겨주어 내 부족하고 부끄러운 삶취를 덮어 주었다. 그런데 지금은 멀리 떨어져 있어 나의 냄새를 덮어 주지 못한다.

사람에게는 모두 특유의 체취가 있다. 노인은 노인의 체취가 있고 환자들도 질병에 따라 냄새가 다르다. 삶의 냄새는 음식점으로, 철공소로, 병원으로, 환경미화장으로, 사무실로 열심히 달려가고 있다. 젊은 여성들에게는 아름다움과 따뜻함, 포근함과 희망의 냄새가 난다. 나는 안다. 마음의 냄새다. 선천적으로 향기가 나는 사람이 있다는 말을 나는 믿는다. 그것은 인품의 냄새란 걸 나는 믿는다.

씻지 않은 사람에게선 당연히 냄새가 난다. 우리도 그리 먼 시대가 아닌 1960년대에 서민들은 설이나 추석 같은 명절에야 동네 목욕탕에 갔다. 모두가 홀라당 삶의 껍질을 벗고도 부끄러워할 줄도 모르고 누구의 물건이 어떻게 생겼나 곁눈질로 힐끔거리면서 왁자지껄 반가워하며 서로가 먼저 등을 밀어주려고 다투었다.

그때는 다닥다닥 붙어살면서 서로 간에 체취를 의식할 여유가 없었다. 그 시대에 가장 심했던 악취는 똥두간에서 나는 똥냄새였다. 어쩌다 밖에서 변이 마려워도 참고 있다가 자기 집에 와서 높직이 쪼그려 앉아 커다란 변기통에 볼일을 보면 풍덩 하고 떨어지면서 물방울이 아슬아슬 엉덩이에 닿을락 말락 했다. 이 보배로운 물건은 똥이 아니라 비료가 되어 풍성한 수확물로 우리들의 입으로 맛있게 들어갔다. 이런 이야기를 안 쓸려고 하다가 숙제가 되어 억지로 쓴다.

1970년대 이후 아파트가 대량 보급되면서 변소는 화장실이라는 이름으로 명찰을 바꾸어 달고 실내 공간으로 들어와 사람들의 동반자가 되었다. 우리들은 얼마나 열심히 살았던가. 참고 절약하고 인내했던 뜨거운 희망의 열매가 달콤하고 향기로운 세계 10권 안에 드는 경제 대국으로 바뀌어서 서민들도 날마다 따뜻한 물로 목욕을 할 수 있게 되었다. 그리고 오늘날 생활 수준이 좋아지는데 비례해서 차츰 냄새에 민감해졌다.

내게서 풍기는 나의 냄새는 스스로에겐 그리 불쾌하지 않다. 대다수 자기 체취를 모르는 경우가 많다. 고유의 내 냄새가 자존심을 살릴 수도 죽일 수도 있다. '나의 냄새'는 곧 '나'이다. 지금 나한테 이상한 냄새가 안 나니? 하고 물을 수 있는 상대는 세상에서 가장 가까운 사람이다. 이와 달리 사회생활에서 타인한테서 '당신에게서 냄새가 난다'라는 말을 듣는 건 아주 실례이다. 상대의 자존심과 존엄을 짓밟는 언어폭력이다. 나는 오늘도 내 몸을 정갈히 씻는다. 들국화 내 아내를 그리면서 내 냄새를 닦는다.

시를 쓰고 시집도 두 권이나 출간했는데 나에게선 글의 냄새는 나지 않고 맡기 거북한 냄새만 날까? 아직은 걸음마를 배우는 초보자 수준인가 보다. 부끄럽다. 가는 길이 험난한 길이란 건 잘 알고 있다. 열심히 노력하고 꾸준히 참고 가는 데까지 가 봐야겠다.

삶취

아빠! 매일 헬스장 가 땀 많이 흘리면서 그냥 와요?
그 말을 해 줄 수 있는 너는
이 세상에서 나와 가장 가까운 사람이구나
이건 체취가 아니라 삶취란다

너도 형형한 눈빛의
많은 제자들 데리고 언덕길 오르느라
높은 지식의 냄새에 힘들었겠다

옛적에 우리는
흙과 뒷간 이웃이 촘촘히 얽혀 살면서도
설 추석 같은 명절 때만 동네 목욕탕에 갔다
가난의 냄새가 불편하지 않았다

창밖을 봐라!
잘나고 똑똑하다며 멋 부리고 고함치는 시대를
이리 가자 저리 가자 다투는 정치의 냄새는
구린내보다 더 역겹다

너의 엄마는 언제나 들국화의 향기로

내 부끄러운 냄새를 덮어 주었는데
지금은 멀리 있어

나는 시를 쓰고 있어도 글의 향기는 나지 않고
거북한 삶취만 나는구나

28) 책방에서

   그렇게 그렇게 3년이 흘렀다. 2년 동안은 서울에서 헬스장 가기와 독서하기, 시詩 필사하기, 시 낭송, 단백질 위주로 식사하기, 우장산에 오르기 등 혼신을 다했다. 그동안 월간《시가 흐르는 서울》에 신인상 당선이 되었고, 『삶의 배낭』이라는 제목으로 첫 시집도 출간했다. 지금은 헬스장에서 하루 3시간씩 노력하여 몸을 가꾸어 시니어모델 선발대회를 준비 중이다.
   김포공항 롯데몰 영풍서점에는 책이 수만 권 진열되어 있고 아무나 책을 볼 수 있는 공간이 준비되어 있다. 나는 매일 책방으로 출근했다.

시의 길

꿈꾸는 무지개 언덕
가파른 오르막길도 아닌데
시상은 날아가 돌아오지 않고
깊어진 세월 탓인가 했더니
그것도 아니고
안개 자욱한 밤도 아닌데
처음에는 잘 걸어지던 길이
옷 잘 차려입고
멋지게 걸으려니 더 힘이 든다
굽은 등에 짊어진 배낭 속 시가
오락가락하더니
무지개 언덕 넘어 날아가 버렸다

그동안 필사해 둔 시가 1,200편은 되고, 아들이 보던 책과 딸이 보던 책, 내가 사 모은 책을 합치면 500권 정도가 된다. 우장산 정상에는 나의 글공부 스승님 김종상 시인의 〈어머니〉 시비가 있고 김영랑, 김소월, 안도현, 서정주, 박목월 등의 시비가 있다. 지하철역 유리창에는 내가 배우는 시 낭송가 스승님 이서윤 시인의 〈군자란〉, 〈사월 저녁〉이 있다.

29) 강촌에 살았다

나는 공부에 재능이 없었다
중학교 동창들이 청운의 꿈을 품고 출세와 돈을 찾아서
도시의 학교로 지원서를 써 들고 달려갈 때
나는 부끄러운 성적을 감추려 강촌에 살고 싶다 살고 싶어 하며
농업학교 속으로 숨었다
친구들이 명문대학을 졸업해 좋은 직장에서
편하게 돈을 벌고 명성을 얻을 때
논밭에 나가 구슬땀 흘리며
곡식 심고 짐승을 기르며 살았다
벗들이 도시 여자를 만나 결혼해서 삐까번쩍 멋 부리고
까불며 촐랑거릴 때
나는 이웃 마을의 소박한 집 처녀를 아내로 맞이해 오손도손 살았다
사람들이 아파트 사고 자동차 사서
도로를 달리며 콧노래 부를 때
나는 산비탈 묵정밭을 사서 뽕나무 심고
경운기 사서 논밭 일구고 석양을 바라보며
경운기 몰고 논둑길 다녔다
한평생 강촌에 살았다

삶은 힘들어도 보람은 있었다
농토에서 축사로
무에서 유를 창조하는 위대함이 있었고
마당 평상에 앉아 강냉이를 먹으며
책장을 넘기며 사색을 공부해 몇 줄의 시를 썼다
그렇게 세월이 흐르면서 인생에서 얻은 건 농부의 가난이지만
소중한 자유와 평화를 누리며 살았다

30) 일흔 넘어 배낭 여행

나는 삼 년 동안 배낭을 지고 야영을 하며 백두대간을 누비며 심신을 다스렸다. 사람은 본래 고적하고 탐욕할 것도 없다는 무소유를 깨달았다. 내 명의의 논도 팔아 치웠다. 이제는 집도 공짜로 준다고 해도 싫다. 다만 아버지의 진심을 알리고 싶고 밝히고 싶을 뿐이다. 내 장남에게도 진실을 알려 주고 싶다.

일흔 넘어 배낭여행

일흔이 넘어
삶의 보따리에 솥단지와 집을 싸서

어깨에 메고 길로 나섰다
기다려 주는 사람 없는
들로 산으로 강가로
허우적거리며 무작정 걸었다
온몸이 눈물과 땀에 젖어
괜스레 서럽고 구슬펐다
첫사랑처럼

나지막한 언덕에서
시詩가 손짓해 불렀다
친숙한 글동무가 되어
『삶의 배낭』을 낳았다

  이제는 모든 걸 내려놓고 싶다. 詩란 단어는 얼마나 아름답고 고결한 말인가. 영혼의 고독과 적막, 생의 슬픔과 괴로움, 사랑의 아픔도 위로해 주고 포옹해 주는 간절하고 애절한 것이 詩이고 인생이다. 사람이 어떻게 살아왔던 저녁노을 속에 서면 한 번쯤은 자신의 발걸음을 뒤돌아보고 싶어진다. 나도 지금까지 살아온 길을 되돌아 가 본다. 깡패 같던 청소년 시절 청춘이라지만 꽃다운 꽃 한번 피워 보지 못하고 사십 년이 되도록 모든 사람들이 기피하는 요식업계에서의 피곤했던 삶. 뒤죽박죽된 인생. 술 담배에 덜미 잡혀 살아왔던 노예의 길!

31) 바라보는 처량한 눈빛들

생각이 난다.
매일 아침 약을 입에 털어 넣고 물을 마시면 오 년 전 기억들이.
이젠 무섭다.
술 담배가, 외로움은 더 괴롭고 두렵다. 굽은 어깨에 삶의 배낭 메고 아찔한 벼랑길 걷는 노인은 얼마나 처량했던가. 얼마나 비굴하게 망설이고 고민했던가.
동해안 감포해변가 야영장 길이 생각난다.
같이 가자고 울부짖으며 따라붙던 끊고자 했던 것들을 밀치고 걷고 또 걷던 고행의 길.

추암 해변 촛대바위 야영장, 은갈치 빛으로 반짝이는 바다의 잔잔한 물결, 잘 만들어진 자전거길 위로 피어오르는 아지랑이의 가물거림은 정말 아름다웠다. 많은 날이 흐른 뒤 나는 우리 국토의 동쪽, 우리 영토의 최북단 고성 통일전망대에서 내 영혼을 움켜쥔 악마의 손아귀에서 벗어나려고 몸서리치며 걷고 또 걸었다. 이 질긴 목숨을, 뒤틀린 운명을 바라보는 처량한 눈빛들을 위해 걸었다.

32) 동백섬 그곳에 가면

봄보다 앞질러 피는 꽃
동박새는 어디 가고 붉은 눈물이 떨어진다
그 섬에 가면 눈물도 꽃이 된다기에
구름 한 자락 업고 목 터져라 울었더니
각혈같이 붉은 통꽃으로 떨어져 있다
봄은 아직 먼데
푸른 꿈속으로 숨어 꽃 없는 봄
기억 너머에 머물고 있는 그때가 생각나
완행열차를 타고 동백섬을 찾아간다
생각의 그늘에 숨겨진 가깝고 먼 섬
어머니 품속 같은 동백꽃 지는 섬
서글플 때는 푸른 꿈속에 숨어
꽃이 보일 듯 말 듯해서 더 그리운 섬
육지도 섬도 아닌 것이
왜 이리도 더디고 먼지
평생 내 마음속에 있는 섬
가도 가도 끝없는 어머니 섬
동백섬 그곳에 가면

33) 내 마음의 동백섬

　언제 와도 좋다. 서울 영등포역에서 새벽에 완행열차를 타고 부산역에 내려 지금은 동백섬을 한 바퀴 돌고 있다. 나는 간혹 삶이 지루하고 외롭고 짜증 날 때는 사십 년 넘겨 살아온 제2의 고향 부산을 찾아와 푸른 바다를 보며, 동백섬에서 갈매기에게 하소연도 몇 마디 하고 파도에게 내 모든 서러움을 다 일러바친다.
　동백섬은 해운대 해수욕장에 붙어 있다. 이름대로 본래는 섬이었지만 오랜 세월이 흐르는 동안 바람, 파도, 조류에 모래와 자갈이 밀려와 쌓여서 모래톱을 만들어 지금은 육지에 붙어서 배를 타거나 다리를 건너지 않고도 걸어갈 수 있는 아주 가까이 있는 작은 섬이다.
　부산은 내가 오십 년 가까이 푸른 바다를 바라보며 살아온 제2의 고향이다. 내가 사는 서울살이는 이렇다. 땅도 아니고 하늘도 아닌 어중간한 허공중에 떠 있는 한 마리 새 같다. 푸른 숲이 없어 앉아 쉴 곳이 없고 회색 콘크리트 벽에 막혀 앞으로 날아갈 수도 없는 아파트 단지 문이란 문은 모두가 잠겨 있고, 비밀번호 모르고는 죽어도 열 수 없는 교도소 문보다 단단한 철문이다. 아내는 멀리 부산에 있고 벗이라고는 매일 시끄럽고 엉망진창으로 뒤엉킨 정치 이야기만 지껄이는 TV 한 대뿐이다. 딸래미는 새벽에 출근하는 대학교 교수여서 내가 잠들어야 퇴근해 오고 밥 한번 같이 먹으려면 한 달은 기다려야 한다. 오직 낙이라고는 책가방 메고 詩 공부하러 가는 네 군데가 전부이다. 내 동무는 힘겹게 책장 넘어가는 소설책과 서툰 컴퓨터가 있어서 그냥저냥 살아간다. 내 마음은 언제라도 동백섬으로 떠나갈 시동을 걸고 있다.

동백섬에는 전설 속의 황옥 인어공주가 살고 있다. 인어공주도 먼 타국으로 시집와 고난과 시련을 겪으며 아름다운 용궁을 얼마나 그리워했겠는가. 인어공주는 넓고 깊고 푸른 바다를 좋아하고 갈매기를 좋아하고 차가운 바람이 불어야 피는 외로운 동백꽃을 좋아한다. 그래서 인어공주는 벗들인 파도와 갈매기와 보름달에게 부탁한다. 벗들은 부산역에서 완행열차를 타고 영등포역에 내려서 내 마음속 창문을 두드리며 인어공주의 안부를 전한다. 외롭고 지루하고 괴로운 날이면 인어공주가 기다리고 있는 동백섬에 한 번 다녀가란다.

동백섬은 나에게 늘 푸른 고향이다

　고요히 서 있는 작은 섬 하나
　바람이 불면 파도가 속삭인다
　동백꽃 붉게 피어난 그곳에서
　시간은 천천히 흐른다
　겨울의 차가운 숨결 속에도
　붉은 꽃은 꺼지지 않는 불빛처럼

바다를 향해 피어나고 하늘을 향해 손을 뻗는다
파도는 섬을 안고 바람은 나무를 감싸며
이곳에선 아무 말 없이 모든 것이 말이 된다
누리마루 저 멀리서 바다와 하늘이 맞닿는 곳
그 경계 위에 서 있는 나는
한없이 작고 또 무한하다
동백섬 그 고요 속에서
나는 나를 찾아 바다와 함께 숨 쉬며
또 다른 나를 맞이한다
마음이 쉬어 가는 그곳
동백섬은 나에게 늘 푸른 고향이다

34) 부고장 써 보기

  부고는 사람의 죽음을 알리는 통고다. 부고는 고인의 죽음이 아닌 삶의 기록장이다. 모든 인생엔 가르침이 있다. 가까운 가족이나 친구라도 내 인생을 다 알지 못한다. 더 늦기 전에 나의 부고장을 써봐야겠다. 죽음을 앞두고가 아닌 지나온 삶을 써야겠다.
  내 아들, 딸도 나의 이야기를 자세히 알지 못한다. 나의 한평생은 어땠는지, 유년, 청년, 중년, 노년기는 어떠했는지 나의 삶의 철학은 무엇이었는지, 내가 무엇을 추구했는지 알지 못할 것이다. 더 늦기 전에 나의 한 생을 기록하지 않으면 사라지게 된다. 나를 들여다본다는 것, 나를 까발리는 작업은 어려운 일이다. 그냥 떠오르는 대로 스토리 위주로 써야겠다. 나의 치부, 나의 약점, 실수, 감추고 싶은 굴욕감 같은 것도 숨김없이 꺼내봐야겠다. 그래서 자서 수필 제목부터 정했다.『우리 모두의 삶은 엇비슷할까?』이것이 내가 부고장을 쓰는 심정으로 자서 수필을 쓰게 된 동기이다.

35) 울릉도, 그 섬에 가면

어젯밤 꿈길에서 울릉도 해안길을 걸었던 꿈을 꾸었다. 아침에도 생생해서 전에 한번 다녀왔던 기억을 더듬어 보니, 다시 가 보고 싶은 마음이 모락모락 새어 나왔다. 달력을 보니 올해는 10월 추석 연휴가 길어서 또다시 배낭여행을 한번 해 볼까 계획을 세웠다.

첫 울릉도 여행은 2019년 3월 22일 새벽 05시였다. 나는 숙식이 완벽한 배낭을 굽은 등에 지고 장원 매운탕 가게를 출발했다. 아침밥은 기장읍 대변항에서 해 먹고 출발해서 동해안을 따라 잘 만들어진 자전거길을 걸어 고성 통일전망대를 향해 올라갔다. 4

월 22일 강원도 강릉에서 울릉도행 배표를 49,100원에 샀다. 울릉도는 생기가 넘치는 섬이다. 천혜의 환경이 주는 아름다움에 누구나 쉽게 사랑에 빠진다. 사람이 자연에게, 자연이 사람에게 하나가 되게 해 주는 경험의 섬이다.

도동항에 도착했다. 도동은 사람들이 많이 살고 번화한 곳이라는 뜻으로 도방청에서 유래된 지명이다. 도동항에서 행남해안산책로를 따라 동쪽으로 걸었다. 행남해안산책로는 국가지질공원의 지질 명소 중 하나인 도동에서 저동 촛대바위까지 아름다운 산책로로 이어지는 길이다. 밑으로는 푸른 바다물결이 찰랑거리는 우리나라 최고의 해안 비경을 자랑한다. 걷는 내내 바다 냄새가 코끝을 간질여서 등에 진 배낭도 새털처럼 가볍게 느껴졌다. 해안도로로 걷는 바닷길이 철석이며 용기를 주었다. 울릉도가 함성을 지른다. 유치환 시인의 시 〈울릉도〉도 가슴속에 포말을 일으켰다.

울릉도 / 유치환
동쪽 먼 심해선 밖의/ 한 점 섬 울릉도로 갈거나 //
금수로 굽이쳐 내리던/ 장백의 멧부리 방울 뛰어 / 애달픈 국토의 막내/ 너의 호젓한 모습이 되었으리니, //
청망한 물굽이에/ 금시에 지워질 듯 근심스레 떠 있기에/ 동해 쪽빛 바람에 / 항시 사념의 머리 곱게 씻기우고//

코끼리 바위를 구경하고 해안선 일주도로를 걸어 헌포항에 도착해서 점심을 해먹었다. 야영할 때의 밥맛은 꿀맛이다. 다만 고통스러운 것은 식후의 담배 유혹이다. 이럴 때면 서둘러서 걷는 방법밖에는 없다. 천천히 걸어서 서면으로 왔다. 울릉도는 행정구역이 울릉읍, 북면, 서면으로 3곳이다. 섬 중앙에 우뚝 솟은 성인봉을 중심으로 3개의 읍, 면이 구분되어 있다. 서면에는 신라 이사부 장군에게 항복을 결심하며 투구를 벗어 던진 우산국 우해왕의 전설이 있다. 당시 벗어 던진 투구가 바위가 되어 투구봉이라고 부른다. 나는 전설 따라 유유자적하는 박삿갓이 되어 걸었다.

  4월 24일, 학포항에 있는 학포야영장에서 야영을 했다. 학포마을은 학이 품어 안은 마을이다. 태하보다 규모가 작고 황토가 많아 '소황토구미'라고도 부르고 마을 뒤에 학이 앉아 있는 모양의 바위가 있어 '학포'라고도 부르니, 우리 산야 곳곳마다 바위나 산, 호수, 강이 들어앉아 있는 모양새를 보고 지명을 짓는 것은 어디에나 똑같다.

  나는 해안선 도로만 따라 걸어서 내륙 쪽으로는 들어가 보지 못했다. 그렇게 바닷길을 낀 해안도로를 걸어서 도동항을 지나 저도항에 도착해서 야영 준비를 했다. 이 밤을 자고 내일은 배를 타고 육지로 나갈 계획이다. 3박 4일간에 울릉도 해안선을 따라가는 순례가 끝난다.

독도
태양이 태어나는 곳

망망대해 먼 동쪽
수백만 년 동안
수심 깊숙이 뿌리 박아
발 담그고 우뚝우뚝 쌍둥이 돌이 솟아난 섬

모진 역경 견디며 살아온
깊은 주름 온화한 얼굴로
태양을 품었다
매일마다 솟구쳐 올리는 근육 덩어리
빛의 제국 독도

수심 깊숙한 발가락부터
머리끝까지 품어 안은
가이없는 생명들
조국을 사모하는 그리움으로
쉴 새 없이 출렁이는 풍랑을 달래는
영혼의 섬 독도

호시탐탐 노리는 악을 지키는
수문장 독도

36) 제주의 그녀

　제주도 한 바퀴 배낭여행을 할 때다. 그 이름 그 바람 그 쪽빛 바다에는 언제나 사모의 그리운 냄새가 풍겨났다. 처음 보는데도 어디에선가 본 적이 있는 것 같은 바닷가 휘유우— 휘유우— 멀리 해녀들의 숨비소리 들려오고 그냥 바라만 보아도 시원한 수평선이 다가온다.

　제주공항에 15일에 도착해서 오늘이 10일이니 25일 동안 먹고 자고 걷고 했나 보다. 늙어 굽은 등에 착 달라붙은 30kg 정도의 거북이 등껍질 같은 배낭을 지고 하루 평균 30km 정도씩 걸었다. 내 등에서 한시라도 떨어지지 않아도 좋은 배낭은 나의 집이고 밥이고 동반자다. 모든 건 세월이 해결해 주었다. 처음에는 위압감과 거부감, 중량감이 있었다. 삼 년이 다 되어 가는 지금은 배낭은 내 몸의 일부분이 되었다.

　한라산을 등정했고 우도와 가파도 등을 배를 타고 다녀왔다. 이제 한 이틀만 여행하면 추자도를 거쳐서 목포로 갈 예정이다. 그러면 27일 만에 제주도 한 바퀴 도보 탐방이 끝난다. 남은 동안이라도 사진 찍듯이 자세히 보고 깊이 사귀다 가야겠다.

　체육시설이 잘 갖추어진 작은 공원에서 야영을 마치고 침낭을 정리해 배낭 정리를 하고 있는데 사십 대 후반쯤 머리를 뒤로 넘겨 하나로 묶고 하얀 블라우스에 검정색 치마를 받쳐 입은 예쁘장

한 여자가 말을 건다. 속눈썹이 길고 암사슴 눈동자같이 큰 눈망울이 꼭 내 딸 같은 느낌이 들었다. 이른 아침이라 화장기 없는 청순하고 순결함이 뭉클 풍긴다. 여자가 옆에 와서 만 원짜리 한 장, 천 원짜리 다섯 장을 내밀면서 "식사라도 한 번 하셔요" 한다. 아닌 밤중에 뭔 홍두깨 같은 말일까 순간 나는 당황했다.

그러면서 생각이 났다. 아마도 내 모습이 몹시 초라해 보였나 보다. 하긴 거울을 안 본 지도 꽤 오래되었고 구레나룻도 많이 자랐으리라. 목욕한 지도 삼일이 넘었으니, 내 자신이 너무 비참했다. 순간 나도 모르게 오기가 생기고 표현하기 어려운 어떤 반감이 불끈 솟아올랐다. 나는 뒷주머니에서 지갑을 꺼내 열어 보여 주었다. 반갑게도 노란 오만 원짜리가 제법 많고 파란색 만 원짜리, 천 원짜리도 빙긋이 웃으며 좋아 죽겠다고 촐싹댄다. 그때의 내 얼굴 표정도 오만 원짜리와 같지 않을까 싶다.

나는 카드가 없어서 현금만 쓴다. 국내와 국외를 여행하다 보면 불의의 사건에 대비해 항상 현금을 충분히 소지한다. 특히 외국 여행 때는 금붙이에 신경을 써서 목걸이, 반지, 팔찌 등을 소지하고 다닌다. 중요한 것은 절대로 노출하지 않고 깊숙이 보관하고 다닌다. 현금 등의 노출은 내 안전과 목숨과도 깊은 관계가 있다. 여행을 다녀봐도 우리나라만큼 치안이 완벽한 나라는 없다.

나는 자신감을 가지고 웃었지만 위엄을 갖추면서 어떠냐는 표정으로 정중히 사양을 했다. 그녀와 그렇게 밀고 당기고 다툼 아닌 다툼을 했다. 그래도 간곡히 받기를 원하기에 무심결에 그녀의 눈을 보게 되었다. 그 순결한 눈동자에 눈물 몇 방울이 매달려 대롱거렸다. 순간 온몸의 힘이 쭉 빠져나갔다. 어지러웠다. 나보다도 어려운 자리에, 외로운 자리에서 힘들게 있다고 생각했다. 나는 옆에 있는 의자에 손을 짚었다. 만 원짜리 한 장과 천 원짜리 다섯 장을 두 손으로 공손히 받았다. 돈을 손아귀에 꼭 쥐었다. 따뜻하고 포근했다. 그러나 고맙다는 말은 하지 못했다. 그렇게 그녀와 헤어졌다.

그녀는 필경 무슨 말 못 할 사연이 있을 것이다. 아버지라든가 어떤 사정이. 나는 지금도 그 돈을 별도의 자리에 소중히 보관하고 있다. 그 생각을 하면 지금도 가슴이 아릿하고 뭉클해진다. 엉겁결에 돈을 받으면서 그녀의 연락처도 모르고 얼굴도 점점 먼 기억 속으로 사라져 간다. 나는 오늘도 우두커니 앉아 자책을 한다. 못난 놈은 정말로 부끄럽다.

37) 여러 가지의 삶

사람이 살아가다 보면 흐린 날 맑은 날 오르막 내리막, 기쁨과 슬픔, 배고픔과 외로움, 만족과 불만, 미움, 추위, 무더위 등 수많은 일들이 있을 것이다. 글 제목을 '여러 가지의 삶'이라고 명명해도 될는지 모르겠다.

우리가 즐겨 먹는 매운탕에도 여러 가지의 이름이 있다. 두 쌍의 기다란 수염이 달린 메기로 끓이면 메기매운탕, 체력 보강에 좋은 잉어나 붕어로 끓이면 붕어매운탕, 쏘가리 빠가사리 꺽지 피라미 사람들의 입맛도 다양하다. 청양고추로 담근 고추장을 듬뿍 풀어 한소끔 끓여 맛을 낸다. 여기에 양파 감자 미나리 대파 등 야채를 넣고 살짝 끓이면 매콤 칼칼한 맛이 일품이 된다. 매운탕은 뜨겁게 해서 먹을수록 맛있으므로 끓이면서 먹는다.

식당마다 고유한 비법을 개발하여 맛을 낸다. 맛의 경쟁력에서 살아남으려면 가게 나름의 비법이 있어야 한다. 매운탕은 육수나 우려내기가 가장 중요한 부분이며 맛을 좌우한다. 주재료는 멸치, 대파, 다시마, 양파, 무, 생강, 마늘, 표고버섯 등이고 주방장의 솜씨에 따라 특별히 첨가하는 재료가 있는데 가게마다 공공연한 비밀이다.

부산시 기장군 장안읍에는 유명한 고찰이 있다. 높은 산 밑 깊은 계곡은 아무리 가물어도 물이 마르지 않고 흐르는 냇물이 있다. 예부터 이 냇물에는 메기가 살고 있는 서식처가 있다. 이곳엔 식당의 90%가 메기매운탕 집이다. 장안사의 유명세와 메기의 서식처 덕분에 이곳의 특산품이 되었다. 메기매운탕은 미식가들의 오감을 한층 자극한다.

나는 팔십년대 초반에 백여 명의 종업원이 있는 '해운대달맞이갈빗집'의 총지배인이었다. 요식업과의 인연이 되어 사십여 년을 음식점에서 내 젊은 나날을 보냈다. 이 시기에는 대한민국의 경제 성장에 힘입어 전국적으로 음식점들이 우후죽순처럼 생겨난 시기였다. 나도 처음에는 장안읍 골목 안 집의 셋집에서 영업하다가 버스가 다니는 대로변에 대지 백 평 지하일 층 지상 이층 건평 백오십 평의 건물을 매입해 '장원 매운탕집'을 운영했다. 돈은 조금 벌었으나 일은 힘들고 삶도 고단했다. 직업에 귀천이 없다고 하지만 주방장의 위치에서 수십 년을 일하다 보니 내 인생은 바람 부는 대로 나뒹구는 가랑잎처럼 헛날렸다. 휴일은 더 바빴고 쉬는 날이라고는 일 년에 두 번 명절 날뿐이었다.

절약이 생활이고 참아 내는 것이 인생의 전부였던 시대에. 휴일이 없으니 친구들도 하나둘 떠나가고 그 바쁜 중에도 언뜻언뜻 외로움이 비집고 찾아들어 친구 하자 졸랐다. 술과 담배로 틈을 메우며 갈팡질팡 방황하는 삶을 살았다. 인생이 무언지 돈이 무언지 돈은 지옥문도 여닫는다는 듯이 몸은 황폐해지고 마음도 상처투성이가 되었다. 절망 상태에 빠져 스스로 자신을 내팽개쳐 돌보지 않았던 긴 시간이 망설이고만 있었다. 언제 갈까 어떻게 갈까 나를 들씌우고 있는 가면을 벗어 버리고 싶었다. 하루 이틀 탈출구를 찾지 못하고 마음만 태우던 어느 날이었다.

"아빠, 끊다가 못 끊으면 말지요 뭐!"

딸이 던진 말 한마디가 나를 살리는 보약이 되었다. 그래 해 보자. 못 끊으면 말지 뭐. 곪고 부서진 육체와 상처 난 정신을 배낭에 담아 메고 사십 년을 걸어온 외길을 버리고 2019년 3월 21일 새벽 다섯 시에 매운탕집을 나섰다. 술과 담배 외로움은 튼튼한 동아줄로 꽁꽁 묶어 창고에 처박아놓고 혈혈단신으로 도망쳤다. 그래서 오늘이 있게 되었다. 자랑스럽게도 나는 시인이 되었다. 세상 만물이 깜짝 놀라서 나에게 박수를 보내는 것 같았다.

38) 별이 된 부모님께 바칩니다

　아버지 찾아 엄청나게 높은 지리산 끝자락 막내 산인 안평마을에 왔다. 아담한 마을을 포근히 보듬어 안은 정다운 뒷산이 밀양 박씨 선산이다.
　새벽에 서울 영등포역에서 완행열차를 타고 대전에서 아침 겸 점심을 먹고 버스를 타고 함양에 도착해 보니 밤이 늦어 버스가 끊겼다. 그래서 택시로 수동에 와서 빵과 우유를 사서 안평마을 뒷산까지 걸어왔다. 납골당에 절하고 텐트를 치고 나니 밤이 깊었다. 빵을 먹고 우유를 마시기 위해 고개를 드니 하늘에서 별들이 우수수 쏟아져 내린다. 어두운 밤하늘에는 헤아릴 수 없이 많은 별들이 반짝인다.
　사람이 살아생전에 아름답게 살다 죽으면 별이 된다는데 아버지 어머니도 별이 되어 저 수 없이 많은 별 중에서 지금 나를 내려다

보고 계실 것이다. 그렇지 않으면 별이 저렇게 많을 이유가 없다. 세상에 어쩜 저럴 수가 저렇게 많은 별들을 본 적이 언제였던가.

 고등학교 여름방학 때 어느 날 밤 내일 새벽이면 학교고 나발이고 모두 때려치우고 부산으로 도망갈 준비를 하며 계획을 세우고 결심했다. 오늘 밤이 고향 월명촌에서는 마지막 밤이다. 내일이면 세상이 바뀌고 밥벌이할 직장이라도 구해야 한다. 그것이 잘 안되면 구두닦이통이라도 메든지 넝마주이 바구니라도 멜 각오가 되어 있다. 내 청춘시절 꽃다운 나이의 결심이었다.

 그날 밤에도 별은 많았고 우— 우— 슬픈 소리로 울던 밤이다. 그랬던 부모님이 내 텐트 조금 위에서 "채식이 왔냐. 요즘 살기는 좀 어떠냐." 하신다. 나는 먹먹한 가슴으로 아무 말도 못 하고 입 안에 든 우유만 삼켰다. 저 많고 많은 별들은 하나같이 맑고 밝게 또렷한 빛으로 반짝이며 빛나고 있었다.

 하늘을 가득 채운 아름다운 빛의 향연은 끝없는 신비를 자아내는데 인간은 백 년도 못 살고 태어난 고향에 돌아와 별이 되어 납골당 아파트에 입주해 살고 있다. 나도 종심인 가을이 지나고 겨울의 초입에 들어서 있다. 오늘 밤은 평상시에는 느껴 보지 못했던 밤하늘의 별들이 마음을 쓸쓸하게 한다. 막연한 그리움으로 가슴이 먹먹해져 온다. 평생을 밤하늘은 캄캄한 줄만 알고 살아왔다. 멍청이처럼.

 하기는 언제나 그랬지만 나는 그렇게 바라고 원하던 두 가지 소원의 결실을 가지고 납골당을 찾았다. 우아하게 제작된 액자에 든 사진은 반백의 머리칼에 구레나룻이 풍성하게 눈부시다. 무엇이 즐겁고 만족한지 빙긋이 웃는 모습이 인자하게도 보인다. 그러나 반나신의 눈초리는 독하게 쏘아보고 뱀이 팔뚝을 휘감고 쩍 벌어진 어깨 가슴팍은 울뚝불뚝 성 내고 있고, 복근이 돌덩이처럼 단단해 보인다. 몸을 이만큼 가꾸려고 정말 많은 노력과 땀방울을 흘렸다. 액자는 납골당 앞에 세워 놓고 등단지〈시가 흐르는 서울〉책과 나의 시집『삶의 배낭』을 소주잔과 같이 놓았다. 부모님에게 바치는 육체와 정신의 회복을 알리는 증거품이다. 과연 좋아하실까.

사진 속 사내

인정머리 없는 별 소리
어젯밤 꿈속을 너무 멀리 걸었나
선잠 깬 눈동자
구레나룻 번쩍이며
정신 차려라 사진 속 사내가
엄한 눈길로 쏘아본다
뱀이 팔뚝을 휘감고
벌어진 어깨 가슴팍을 돌아
우뚝불뚝 복근에서 똬리를 튼다

멋있는 몸으로 만들어 준 동반자

멋지게 한 판 어울리자며

애가 달은 운동기구들

39) 식물을 사랑한다

생이 주어진 걸어오다 보면 부모님이 주신 DNA도 조금씩 변할 수 있다고 생각한다. 나 혼자만의 생각일 수도 있지만 나이가 들어 가면서 더욱더 실감하게 되었다.

중학교 1학년 여름방학 때 횃불을 밝히고 시냇물에서 물고기를 잡기 위해 큰 드럼통에서 석유를 뽑아 올리다 실수로 석유가 허파로 들어갔다. 치료하느라 10달 넘게 학교에 가지 못했다. 한창 영어 수학의 기초를 배우던 시기에 기초를 잃어버리니 공부하고는 높은 담을 쌓고 남이 되어 낙제생 비슷한 처지로 중학교를 마쳤다. 동무들은 청운의 꿈을 안고 도시의 학교로 진학했다. 나는 절름발이가 되어 동네에 있는 정원 미달의 농업고등학교에 무시험으로 입학을 했다.

가도 가도 끝이 없고 해도 해도 큰 소득이 없는 농사일을 직업으로 삼고 살았다. 아마도 성인님들은 생명을 가꾸고 열매를 얻어 다른 생명을 돌보는 일이라고 높이 평가할 수 있을 것이다. 하지만 현실은 그렇게 녹록하지 않았다. 농사는 육체의 고된 노동이 필요했고 모든 사람들이 사모하는 돈이라는 물질이 너무나 빈약했다. 도저히 견디지 못하고 도시로 탈출했다.

나에게 도시란 사막이었다. 학식의 물이 부족했고 금전의 그늘 막이 없었다. 타는 목마름으로 신음과 탄식이 저절로 나오고 희망의 등불 빛은 너무나 희미한 젊음의 시절이었다.

음식점 사장이라는 명패는 어깨에 올라타고, 가정이라는 버거운 짐을 지고 가야 하는 힘겹고 고독한 여정 속에서 술과 담배의 도움을 받았다. 좁은 공간에서 주방장이란 감투를 쓰고 강산이 네 번 바뀌는 세월을 흘려보냈다. 그것도 혼자의 힘이 아닌 아내의 고달픈 한숨 소리를 들어 가면서 살았다.

술과 담배는 나에게 어마어마한 대가를 요구했다. 또 견디지 못하고 큰돈을 버는 주방장직을 버리고 탈출했다. 하루 30kg의 무게를 굽은 등에 지고 30km씩 걸어서 3년 동안 백두대간을 방랑했다. 3자 하고는 전생의 어떤 연결고리가 있는가. 이제는 술과 담배, 외로움에게 진 빚은 모두 청산했다. 정말 혹독한 대가를 치렀다.

지금은 삭막한 서울 생활을 보내고 있다. 새도 아니면서 높은 공중에서, 회색빛 빌딩숲에서, 회색빛 하늘을 보며 날개 없이는 한 걸음도 나아갈 수 없는 허공에서 하루 종일 힘없는 날갯짓만 팔딱인다. 친구가 있나, 아내가 있나, 딸래미 얼굴 보기는 한 달 내내 가야 한두 번이 고작이다. 주머니가 가벼운 나를 반겨 주는 곳은 한 군데도 없는 매정한 서울 바닥이다.

  젊은 농부 시절, 나는 식물을 사랑했다. 식물군은 많은 것을 요구하지 않고 많은 것을 선물하는 충직한 동반자의 모습을 보여 주며 자란다. 마음에 안정을 주고 꽃을 피워 올려 눈웃음을 선물하고 열매로 보답하는 은혜로운 자비심을 나는 사랑한다.
  아마도 가슴속에 차곡차곡 쌓이는 '사랑'이란 단어를 나누어 줄 곳이 없다 보니 더 식물을 사랑하는지도 모른다. 한때 식물이 미워서 농촌을 버리고 도망 나온 기억이 난다. 지금 나에겐 크고 작은 화분이 20개 정도 있다. 대엽풍란 5개의 화분이 꽃을 피워 올려 나를 웃겨 주고 있다. 사막에서 오아시스를 만난 사람의 기분이 이런 것일까? 생이 걸어온 삶의 발자국을 뒤돌아보니 모나고 각진 마음이 제법 많이 쓸리고 깎이어 둥글어진 것 같다.

40) 사랑하기 딱 좋은 나이

  할아버지 할머니 여러 명이 동네 공원에 놓인 의자에 앉았다. 쓸데없는 농담 찌꺼기를 주고받으며 흘러가는 구름을 바라보는데, 얼굴이 낯선 사람도 있다. 한 할아버지는 구름을 보고 너는 어디로 가느냐 좋은 데 가면 날 좀 데려가면 안 되겠냐 하고 할머니는 그러게 말이요, 나도 따라 갔으면 좋겠소 한다.

조금 떨어진 소나무 그늘 밑 납작돌 위에 엉덩이를 걸치고 앉은 아직 중늙은이가 될려면 몇 년이 더 지나야 할 젊어 보이는 여자가 말없이 앉아 있다. 멀찌감치서 그 광경을 바라보며 한마디씩 한다. 요양보호사인 모양이네. 딸이나 며느리일 수도 있겠지. 아니야 무슨 소릴 하는 거야 며느리가 이런 델 오겠어 올 리가 없지. 그럼 딸인가. 정신 나간 소리 딸인들 이런 데 찾아올 리도 없고 저렇게 얌전히 앉아 있지도 않아. 말들이 중구난방이다.

다음 날 그 젊은 여자가 새로 온 회원의 요양보호사라고 자기를 소개했다. 젊은 여자의 방문은 흔치 않아서 자연 할아버지들의 눈길을 끌었고 깊은 관심사가 된다. 때로는 정체가 파악되지 않은 여성이 나타나면 수상쩍은 소문이 거침없이 퍼져 나간다. 누구의 연인이야. 아니야 두 번째 부인이었어. 아니야 ○○ 할배 현재 애인이야. 뭐라꼬. ○○ 할배 나이가 얼만데 말도 안 되는 소리야. 이런 수상한 소문이 현실성보다는 아마도 모두가 무료하고 이야깃거리가 소진해서일 것이다. 또 재미도 있고. 아무튼 확인되지도 않고 확인할 수 없는 소문이 멀리서 바람의 등에 업혀 날아 온다. 봄바람이 되어 실내와 공원의 여기 저기를 헤집고 다닌다.

사람이 그립다는 증거다. 그럴 때마다 자식 다 소용없다는 말이 열 사람이 모이면 여덟 사람 입에서 튀어나오는 말이다. 말이 오가는데 할아버지건 할머니건 그 의견에 이의를 제기하는 사람은 보지 못했다. 같은 말처럼 "내 나이가 어때서 사랑하기 딱 좋은 나인데"라는 가사는 노래 교실 애창곡인데 노인들의 속마음을 여과 없이 드러내는 희망 가요다. 젊는 사람들은 이 노래를 부르지 않는다. 이 노래는 노인을 위한 권장 가요다.

  우리 모두는 평생을 가족을 위해 헌신했다. 언제부턴가 눈을 뜨고 살펴보니 빈 둥지 속에 홀로 남겨진 우리 늙은이들 더 이상 가진 것도 지킬 것도 없어진 우리들. 이제는 우리들 자신만을 바라볼 때다. 애쓸 만큼 애썼고. 싸울 만큼 싸웠고. 지킬 만큼 지키고 아낄 만큼 아꼈다. 몸은 지치고 마음이 텅 비어 한없이 가벼워진 우리 늙은이들이다. 이제는 촉촉한 눈길로 나부터 위로하고 우리들 주변을 바라보아야 한다. 날카로운 매의 눈이 아닌 참새의 따뜻한 눈길이어야 멀리 보이고 눈도 마주칠 수 있다. 마음도 서로 통한다.

  지금이 우리들 사랑하기 딱 좋은 나이다. 나는 오늘도 당신을 찾으려 등 가방에 작은 호랑이 손녀딸 달아 업고 시 배우려 글방 네 곳을 다닌다.

늙수구레한 등 가방에 업힌 인형

아이가 어른이 되어 가는 길은
소중히 여기던 작은 삶의 배를 버리고
큰 배로 바꾸어 타는 과정이다

인형 하나 가지고 놀며

더듬더듬 노 젓든 어린 시절
배 안 고파. 아픈 덴 없어. 미안해
꿈꾸며 속삭였던 사랑스런 말들

작은 것은 무시해 버리고 큰 것만 갈망하는
화합이 사라져 가는 세상
단절된 대화 삭막한 세계를 순화시키려

등 가방에 작은 호랑이 인형 달아 업고
사거리에서 지하철에서
한 사람의 눈이라도 즐겁게 해 줄
사소한 나눔의 소통과 진정한 평화를 원한다

나는 범띠 해 호랑이로 태어났다. 우리 부모님이 어린 나를 보고 착하고 성스럽고 효성스럽고 그리고 어질고 씩씩하고 용감해라 하셨다. 어느 누구보다 옷을 잘 입고 백두대간을 누벼라. 어떤 일이 있어도 민중을 지켜라 하셨다.

허나 나는 조그마한 슬픔에도 눈물을 펑펑 흘리고. 약자의 편에 들어가 같이 맞아 주고. 누가 십리를 가자 하면 오리를 더 가 주었다. 추워서 떨면 겉옷까지 벗어 주고 이웃집 도적을 잡다가 개천에 빠졌다. 이롭고 좋은 것은 양보하고 그가 죽으면 가죽을 남긴다기에 입고 있던 옷도 벗어 주었다. 지금은 쓸쓸히 뒤안길을 노래하며 호랑이가 아닌 승냥이로 살고 있다. 허나 시학교 네 곳을 다니며 공부를 열심히 하고 있다. 시의 가죽을 남기고 싶어서.

41) 호랑이

한반도는 호랑이 모양으로 생겼다. 호랑이 수천 마리가 민중들과 어울려 살았다. 호랑이의 흔적은 전국토 여기저기 남아 있다. 지명에 "호랑", "호범" 자가 들어가 있는 이름이 여기저기 있다. 부산의 '범내골'은 호랑이가 내려오는 골짜기라는 의미고 전국에 있는 '호암'이라는 명칭은 호랑이가 나타났던 바위다. 호랑이 모양에 붙은 지명은 포항의 '호미곶'은 한반도를 호랑이 모양에 비유해 꼬리 부분에 해당해 붙여진 이름이다. 전남 영암의 '호등산'은 산 모양이 호랑이처럼 생겨서 불린 이름이다.

정말 이런 곳에 호랑이가 살았을까? 생각하지만 조선 태종 때는 경복궁 근정전에까지 호랑이가 들어왔고 삼청동에도 호랑이가 나왔다는 기록이 있다. 인왕산, 백악산에도 호랑이가 살아 때때로 호랑이를 잡기도 했다.

옛날엔 호랑이가 사람을 물어가거나 다치게 하는 사건이 자주 벌어졌다. 호랑이로 인한 재난을 '호환'이라고 했다. 태종 때만 하더라도 경상도에 호랑이가 출몰해서 수백 명이 다치는 일이 있었고 선조, 인조, 숙종 때 모두 한양 근교에 호랑이가 나와 대대적인 토벌작전에 나서기도 했다. 한반도는 호랑이의 나라다.

 전국적으로 호랑이의 피해가 극심해 호랑이 잡는 군인인 '착호갑사'를 조선 정부는 두고 '착호절목'을 만들고 호랑이가 나타나면 전문 호랑이 토벌대를 보냈다. 그리고 전국 곳곳에 전문 호랑이 사냥꾼인 '착호인'이 활동했다. 호랑이는 동아시아 최강의 맹수이지만 조선 후기 화포의 성능이 좋아지면서 결국 20세기 초에 멸종되었다.

 호랑이는 공포의 대상이면서 사랑받았던 동물이다. 조선시대 사람들은 힘이 센 호랑이에게 나쁜 귀신이나 재앙을 쫓아내는 힘이 있다고 믿었다. 고위 관리들은 호랑이 가죽을 의자에 깔았고 신부의 가마 위에도 호랑이 가죽이 씌워지기도 했다. 온갖 나쁜 것을 쫓아내길 바라면서.

 호랑이는 신화와 온갖 이야기의 주인공으로 등장하는 동시에 가장 인기 있는 그림 소재가 되었다. 호랑이와 까치를 함께 그린 '호작도'는 조선시대 가장 사랑받는 민화다.

 까치는 예부터 반가운 손님의 방문을 알려 주는 영특한 존재로 여겨지고 까치는 은혜를 갚는 의리 있는 동물로 등장한다. 호작도엔 동물들 곁에 소나무가 그려졌다. 소나무는 지조와 절개를 상징했다.

 대부분 호작도는 누가 그렸는지 알 수 없지만 비슷한 그림들이 많은 것은 그만큼 인기가 있어서다. 서민들은 호작도를 통해 양반들을 풍자한 것이다. 땅에 있는 호랑이는 힘은 있지만 어리숙한 양반. 그 호랑이를 나무 위에서 내려다보는 까치는 지혜로운 서민을 상징한다. 많은 호작도에서 호랑이는 어벙하게 생겼고 그에 비해 까치는 똑 부러져 보인다.

대표적인 호랑이 그림으로는 단원 김홍도와 그의 스승 강세황이 함께 그린 것으로 알려진 '송화맹호도'가 있다. 비록 까치는 등장하지 않아도 소나무 아래 위풍당당한 호랑이의 모습이 묘사되어 있다. 조선 시대엔 새해 첫날에 재앙을 쫓아내고 복을 부르는 그림을 주고받았다.

호랑이는 왜 우스꽝스럽게 그려졌을까? 호작도를 보면 재미있는 점이 있다. 호랑이가 전혀 맹수답지 않게 생겼다. 이게 호랑이야 고양이야 싶을 만큼 호랑이의 모습이 제각각이다. 까치는 어디에나 있기에 보고 그리기 쉬웠지만 호랑이는 보기가 쉽지 않았다. 옛날엔 동물원도 사진도 없으니 상상해서 그렸다. 집 근처 고양이를 참고하거나 남의 그림을 보고 따라 그렸다.

날카로운 이빨을 드러내고 으르렁대는 호랑이도 있지만. 커다랗고 동그란 눈을 굴리며 귀신을 쫓기는커녕 머리 위 까치마저 못 잡게 생긴 어리바리한 호랑이도 있다. 사람들은 용맹하고 사나운 호랑이보다. 귀엽고 우스꽝스럽게 생긴 호랑이 그림을 더 좋아하고 많이 그렸다. 호작도는 조선 사람들의 유머 감각이 담겨 있는 작품이다. 당시 사람들의 즐거움이 수백 년의 시간이 지난 지금 또 새로운 생명을 얻어 다시 유행하고 있는 것이다.

42) 노인에게는 목숨만큼 중요한 게 집이다

　세상이 바뀌면서 노인들은 많고 많아졌다. 노인의 천국이 되어 간다. 노인 본인은 물론이고 국가적 차원에서 커다란 숙제 덩어리다. 재테크의 방향도 수시로 바뀐다. 전에는 주로 부동산에 의지하고 투자했는데 현금의 유통이 원활하지 못해 노인들에게 노후 생활 수단으로 부적절한 족쇄가 되었다. 되도록 빨리 가용자산(차입금의 담보로 사용되지 않아서 일반적 용도에 사용 가능하고 처분 가능한 개인이나 기업의 자산)으로 옮기라고 조언한다.
　그런데 그 말은 반은 맞고 반은 틀린 말이다. 내가 알고 있는 노인은 50년 넘게 살아온 집이 재개발되면서 어쩔 수 없이 이곳으로 쫓겨왔다고 했다. 자녀들이 집을 처분하면서 그중 한몫을 떼어 부모를 낯선 양로원으로 보냈다. 사람들은 나를 위로했다 그나마 집이라도 있었으니 이곳에서 살고 있다고 했다.
　노인은 막무가내로 옛날 집에 집착한다. 시간만 나면 사라진 집 구석구석을 설명하며 마당의 감나무 창밖으로 보이는 나지막한 동산 설거지하던 싱크대 냄비 숟가락까지 못 잊어한다. 동네 이발소와 이웃집 할머니 할아버지 시장의 막걸리 집 비가 많이 오면 넘쳐 흐르는 도랑물 낯익은 많은 사람들 곁으로 가고 싶어 했다. 그에게 집은 건물이 아닌 인생 자체였으며 그의 인생을 평생 지켜 준 우주였다. 하지만 재개발이 안 되었더라도 혹은 그 집을 일찍

감치 팔아 헌금으로 가지고 있었다면 그가 그 돈을 지금까지 관리 유지할 수 있었을까? 젊고 유능한 사람들도 보장할 수 없는 게 재테크다.

나는 그나마 집을 지키고 있었기 때문에 마지막 노후 생활을 감당할 수 있게 된 거라고 친척들이나 주위 사람들은 말한다. 그건 사실이다.

나는 지나온 삶의 뒤안길로 한번 걸어가 본다. 좀 빠른 나이에 결혼해 부산 객지 생활을 일찍 했다. 지금까지 집 5채를 사고 2채는 팔았다. 박정희 정부 시절 정신없이 빠르게 경제 성장을 이룰 때 800만 원에 산 집이 2년 만에 800만 원이 올라 1600만 원에 팔았다. 그때의 집은 집이 아니라 도깨비 방망이다. 집 나와라 뚝딱 하면 집이 나왔다. 나는 그 일을 내 "인생 모토"로 삼고 지금까지 살아오고 있다. 그래서 집 5채를 샀다. 배운 게 없고, 조력자가 없고 가진 게 없는 "삼무자"다. 그래도 깡패 근성과 똥고집으로 3년 만에 6번 이사한 경험이 어떤 가르침이 되었나 보다. 집이 보물단지란 것을 깨우쳐 주었다.

지금 똑똑한 우리의 청년들도 영혼을 끌어모아 집을 마련하기 위해 치열한 노력을 하는 것을 보며 참 잘하는 일이다. 칭찬을 아끼지 않는다. 노후 생활을 준비하는 가장 안전한 길은 역시 집이라는 생각을 한다. 노인인 우리 부부가 살아 있는 동안은 절대로 집을 팔지 않을 것이다.

아버지가 보고 싶습니다

아버지가 40년이나 묵묵히 외길로 걷던
매운탕집 가게를 버리고
벚꽃이 만개한 봄날 새벽 5시
집을 나가셨습니다

쌀 한 되박 밑반찬 두 가지
부서진 정신 망가진 육체 지독한 고독을
배낭에 담아 굽은 등에 둘러매니 30kg
흰 머리칼 날리며 고난의 여정길 시작되었습니다

하루도 빠지지 않고 매일 드시던
소주 5병 담배 2갑 지독한 고독
동아줄로 꽁꽁 묶어 창고에 가둬 두고
만 70살 늙은 몸으로 세 개의 독과의 싸움이 시작되었습니다

다음 달 초 닷새가 집 나간 지 꼭
벚꽃이 피었다 지기를 세 번째
아직도 술 담배 고독을 못 끊었는지
아버지는 돌아오지 않습니다

오늘도 풍찬 노숙을 하며
어느 산골짝 길 홀로 걷고 있는지
아버지가 보고 싶습니다

43) 바다에 살자

너와 나와 우리들
물이 되어 흐르자

거짓 다 씻은 착한 물이 되어
고개 숙이고 더 깊이 숙이고
몸 낮추고 더 낮게 낮추어

산 구비 돌아 풀뿌리 목 축여 주고
옹달샘 만들어 온갖 생명 키우며
도랑 길 만들어 사랑 노래 불러 주자

기뻐서 출렁거리며 흘러
은빛 희망이 춤추는 바다에 살자

창밖을 한번 내다보자. 세상은 빠른 속도로 돌아가고 쇠와 쇠가 마주 갈리는 굉음과 날카로운 광채는 우리를 귀머거리로 맹인으로 만들려 한다. 모순투성이의 세상 허나 누구를 원망하고 누구를 미워하겠는가. 너와 나와 우리들만이라도 착한 물이 되어 은빛 파도가 춤추는 바다를 만들어 갈매기 날며 희망를 노래하는 바다에 살자.

부족한 게 많고 모나고 각진 인생의 배낭을 메고 걸어가지만 흐르는 세월의 등에 업혀 고개 숙이고 몸 낮추려 노력하며 살아가고 있습니다.

44) 야속한 것들

연분홍 꽃잎 한 장
외로이 흘러가는 물결에 실려
흘러간다

내 마음도 세월에 업혀
정처 없이 실려 가고

사랑도 생도

꽃잎처럼 흘러가며 굽이쳐 온
세월을 뒤돌아본다

당신이 가장 소중한 사람인 걸
비로소 나이 들어 알았을 땐
속울음 삼키며 연분홍 꽃잎 한 장
한 생이 덧없이 흘러간다

아무리 불러도 대답 없는
야속한 것들아
보낼 것 다 보내고
그리워해도 뉘우쳐도 늦었구나

45) 집 한 채를 샀다

고향에 돌아와 오래 비어 있던 집 한 채를 샀다
지붕이 헐고 벽이 허물어 주저앉기 직전이다
지붕의 이영을 걷어 내고 스레트를 얹고 벽을 허물어 내니 소나무 기둥이
앙상해 보였다

시냇가에서 돌멩이를 주워 오고 뒷산에서 찰흙을 파다가 돌멩이와 찰흙으로
 한 단 한 단 쌓아 벽을 만들기 시작했다
 돌멩이 하나가 추억이 되고 찰흙 한 줌 한 줌이 어릴 적 희로애락이 되어
 층을 이루어 벽이 생긴다
 가난의 옷을 입어 초라해 보여도 방이 두 칸이고 부엌이 하나 자그마한 마루가
 생겨 아담한 집 한 채가 만들어졌다
 안방에는 오래전에 돌아가신 아버지와 어머니가 앉아 책을 읽고 바느질을 하시고
 부엌 방에선 아내와 둘이서 밥상을 차린다
 마당엔 감나무 석류나무 대추나무가 반갑고 고맙다며 손을 흔들고 춤을 춘다
 마당엔 암탉이 병아리를 데리고 다니고 5월의 장미도 만개했다
 도시에 나가 살고 있는 자식들이 다음 휴일 날 휴지와 성냥과 초를 사 가지고

 온다고 연락이 왔다
 밤이 되면 아침나절에 내린 빗물이 가득 고인 돌절구통에 달과 수많은 별들이
 내려와 숨바꼭질을 하고 논다

나는 마당 평상에 앉아 강냉이를 먹으며 달의 책장을 넘기며 사색을 공부해

몇 줄의 시를 썼다

달 그림자 내려와 희뿌옇게 노니는 산기슭이 다 내 정원이 되고 글 공부방이

되어 뭇 짐승들과 꽃과 나무 자연이 스승이 된다

어쩌면 내일이나 모레쯤 산골 물에 알몸으로 물장구치던 깨복쟁이 친구들이

놀려 올지도 모르겠다

나는 갑자기 행복해졌다

46) 평범한 사람들의 특별한 힘

어제와 다르지 않은 오늘이다. 나는 아침 6시에 아파트 단지에 있는 헬스장에 매일 간다. 밥을 찾아서 희망을 찾아서 떠나는 지하철과 대중교통의 수많은 사람들. 어제보다는 오늘이 오늘보다는 내일이 좋은 날이 되지 않을까. 꿈길을 걷는 평범한 사람들. 누구도 주목해 주지 않는 사람들. 얼굴이 미소를 띠며 조용히 스쳐 간다. 일터와 거리에서 마주치는 평범하고 조용한 존재 바로 그들이 6월의 어느 하루 투표를 통해 세상을 움직였다. 승리의 함성

패배의 한숨과 함께 금세 잊히기 일쑤지만 진짜 전환은 그들의 손끝에서 일어난다.

다시 환절기다. 꽃 진 자리에 초록이 엄청 매달려 풍요롭다. 아직은 서늘하지도 뜨겁지도 않은 바람이 분다. 며칠 전 시 낭송 학교에서 수업을 진행하면서 연락과 이런저런 일을 하려면 실무를 도울 과 대표가 필요했다. 문우들은 서로 초면은 아니지만 서로의 얼굴만 살피고 눈치만 본다. 선뜻 나서는 사람이 없어서 선생님이 나를 지목했다. 그동안 내 스스로 솔선수범한 일들이 많고 나이가 연장자다. 반 문우들이 박수로 확정을 짓고 말았다. 가만히 속으로 생각해 보니 중 고등학교 시절 낙제생 겨우 면하고 마친 학장 시절 상장이라곤 개근상 하나도 받아 보지 못하고 마쳤는데 칠순 중반에 그것도 부산 촌녀석이 서울에 와서 글을 쓰고 시를 쓰는 학교에서 과대표가 되다니 쥐구멍에도 햇볕이 들었다. 뿌듯한 마음으로 물심양면으로 열심히 했다.

나는 부족한 부분이 많은 사람이지만 최선의 노력보다 더 좋은 해결책은 없다고 생각하는 사람 중의 한 사람이다. 과대표의 자질과 능력이 부족하더라도 성과 열을 가지고 최선의 노력을 쏟는다면 불가능하지도 않으리라 생각한다. 자리가 사람을 만든다는 말은 결코 헛된 소리가 아니다. 놀랍게도 그렇게 무작위로 선출된 자리지만 반 문우들을 실망시킨 적이 없다. 성별과 학벌이나 직업 따위는 중요하지 않았다. 우연히 맡은 자리를 진심으로 받아들이고 의미를 부여하며 성실히 제 몫을 다 했다.

나는 그것을 "평범한 사람들의 특별한 힘"이라 생각한다. 자신의 책임을 기꺼이 감당하며 주어진 의무를 묵묵히 수행하는 일상인의 힘이다. 지금 시대의 그 대단하다는 정치인들도 얼마나 큰 소리로 고함치며 아첨해 자기편으로 만드느냐의 싸움일 뿐이다. 우리들은 자신의 자리를 지키며 익명의 고요 속에서 한 표를 던진다. 결국 그들에 의해서 정권이 바뀌었다. 환호와 절망 기대와 체념이 교차했다. 이토록 평범한 사람들의 특별한 힘을 모르거나 간과하는 데서 정치의 파행이 비롯된다.

말없는 다수는 모르는 게 아니다. 수차례 반복된 탄핵 시도와 방탄 입법. 정의를 가장한 위선과 폭주를 똑똑히 지켜보았다. 다만 분노를 터뜨리는 대신 시간의 법칙에 기대었고. 직접 목소리를 내는 대신 법과 제도의 힘을 믿었다. 그런데 그 신뢰를 먼저 저버린 쪽은 뜻밖에도 정권을 쥔 자들이었다. 침묵을 오해했고 조급증으로 기다림의 시간을 침범했다. 결국 시간과 법에 의지한 다수가 아니라. 그들을 의심해 신뢰를 먼저 배반한 권력이 스스로를 무너뜨렸다.

믿지 못하는 것은 이해하지 못하기 때문이다. 이해하지 못하는 건 무지하거나 무관심하기 때문이다. 어금니를 사리물고 고단한 노동과 남루한 삶을 견디는 것은 무슨 영생불멸 천지개벽을 바라서가 아니다. 가족과 일 지리멸렬한 일상이나마 무사히 지키면서 범죄자는 감옥에 가고 피해자는 구제받은 순리의 실현을 보고 싶을 뿐이다.

지금 이 나라는 어떻게 만들어 놓은 대한민국인가 투표로 선출된 잘나고 똑똑한 사람들에게 더 빛나고 아름답게 가꾸어 주길 두 손 모아 간절히 빌면서 쥐여 주지 아니했던가? 많이 부족한 나도 별로 특별한 직책이 아니지만 최선의 성과 열을 쏟는다. 평범한 우리들은 제발 부탁한다.

계절은 머무르지 않는다. 초록이 붉어지고 시들어 떨어지는 것처럼 변화는 늘 조용히 그러나 분명히 다가온다. 지금은 공수가 바뀌었을지언정 정치에 다르게 해당하는 이치가 아니다. 묵묵히 침묵 속에서 지켜보던 이들이 등을 돌리는 순간 세상은 또 바뀐다. 대의와 이념 전략과 선전보다 중요한 것은 "평범한 사람들의 특별한 힘"이 모두를 지켜보고 있다는 사실을 잊지 않는 일이다.

47) 구름으로 살자

하늘 가득 바람이 사는 넓은 세상
바람이 가리키는 곳으로 날고.
바람이 시키는 대로 살자

같이 흘러도 뭉치지 말고 각자의
모습으로 흘러 여러 모양 그림 그려

보는 이 마음 즐겁게 해 주자

언제나 한결같은 마음으로
기쁨은 나눠 주고 슬픔은 받아 안고
사랑 노래 불러 주자

예쁜 얼굴 웃음 지어 지상 만물에게
구름의 영혼 보여 주자

구름이 흐르고 바람이 흐르고 산골짝 실개천 물이 흐르고
너와 나 우리들이 흐르고 세월도 흐른다
이 지상에서
흐르지 않는 것은 하나도 없다
나의 생도 흘러서 칠순 중반이 지났다
흐르고 흘러서 바다에 닿으려면 얼마의 시간이 더 필요할까
고개 숙이고 더 깊이 숙이고
몸 낮추어 더 낮게 낮추어
남은 삶 사랑 노래 불러 주며 흐르자
태양빛 안아 하얗게 눈부신 구름으로
몸 씻어 착한 물이 되어 흐르자

우리 모두의
삶은 엇비슷할까?

ⓒ 박장순, 2025

초판 1쇄 발행 2025년 11월 11일

지은이	박장순
펴낸이	이기봉
편집	좋은땅 편집팀
펴낸곳	도서출판 좋은땅
주소	서울특별시 마포구 양화로12길 26 지월드빌딩 (서교동 395-7)
전화	02)374-8616~7
팩스	02)374-8614
이메일	gworldbook@naver.com
홈페이지	www.g-world.co.kr

ISBN 979-11-388-4966-1 (03810)

- 가격은 뒤표지에 있습니다.
- 이 책은 저작권법에 의하여 보호를 받는 저작물이므로 무단 전재와 복제를 금합니다.
- 파본은 구입하신 서점에서 교환해 드립니다.